오늘 하는 셀프 인테리어

오늘 하는 셀프 인테리어
—
2019년 2월 28일 1판 1쇄 발행
2020년 10월 5일 1판 2쇄 발행
—
지은이 강동혁
펴낸이 이상훈
펴낸곳 책밥
주소 03986 서울시 마포구 동교로23길 116 3층
전화 번호 02-582-6707
팩스 번호 02-335-6702
홈페이지 www.bookisbab.co.kr
등록 2007. 1. 31. 제313-2007-126호
—
기획·진행 박미정
교정교열 추지영
디자인 디자인허브
—
ISBN 979-11-86925-67-6 (13590)
정가 15,800원

이 책은 저작권법에 따라 보호받는 저작물이므로 무단전재와 무단복제를 금합니다. 이 책 내용의 전부 또는 일부를 사용하려면 반드시 저작권자와 출판사에 동의를 받아야 합니다.

책밥은 (주)오렌지페이퍼의 출판 브랜드입니다.

이 도서의 국립중앙도서관 출판예정도서목록(CIP)은 서지정보유통지원시스템 홈페이지 (http://seoji.nl.go.kr)와 국가자료종합목록시스템(http://www.nl.go.kr/kolisnet)에서 이용하실 수 있습니다. (CIP제어번호 : CIP2019004909)

오늘 하는
셀프 인테리어

강동혁 지음

책밥

성인이 된 후부터 지금까지
'집'에서 먹고, 자고, 놀기도 했지만
언제부턴가 어느 곳에도
내 '집'이란 게 없는 것처럼 느껴진 적이 있다.
내 집이란 단지 소유의 문제는 아닌 것 같다.
잠을 자고 내 짐을 보관하는
그저 그런 공간일 뿐이라면 '내 집'이 아닌 것이다.

interior consulting

작은 원룸이지만

공간을 나눠 각각의 역할을

부여합니다

gallery

interior consulting

조금 마음에 안 드는 곳은

gallery

가려도 좋을 것 같습니다

interior consulting

소소한 일상이

기 억 에 남 는 집

gallery

언제든 기분 좋은 곳

interior consulting

gallery

이
곳
은

나
의

집
입
니
다

interior consulting

◆
예쁜 곳을 찾아다니는
당신에게

매일 아침 익숙한 침대에서 지긋지긋한 알람 소리를 들으며 일어난다.
피곤한 몸을 이끌고 주섬주섬 챙겨서 집을 나선다.
출근길에는 습관적으로 핸드폰을 손에 들고 네이버나 인스타그램을 보며
스크롤한다.

그곳에는 나와 다른 세상이 하루에도 수십 개씩 쏟아져 나온다.
트렌디한 그들의 집, 누군가의 예쁜 집, 금손이 꾸민 특색 있는 집,
나와는 다른 세상 이야기 같다. 나만 빼고 모두 예쁜 집에서 사는 것 같다.

'그들'의 집은 아침뿐 아니라 점심을 먹고 커피 한잔 마시는 시간,
퇴근길에도 계속 쏟아진다.
그리고 퇴근 후 돌아온 나의 집은 예쁘지 않은 것 같다.

왜 예쁜 곳을 찾아다니나요?

prologue

우리는 퇴근 후 또는 주말에 소위 '힙'한 곳을 찾아 나선다.
예쁜 카페, 분위기 좋은 식당, 특색 있는 술집에 가서 인증 샷을 올린다.
예쁜 장소 자체가 좋다기보다 그곳에 있는 내 모습이 좋은 것은 아닐까?

예쁘고 분위기 있는 곳에서 시간을 보내다 집에 돌아와 방문을 열면
좀 허탈하고 우울할 때가 있다. 예쁜 그곳과 달리 나의 일상은 초라하고
별거 아닌 것처럼 느껴지는 것이다.

사람들에게 왜 집을 꾸미지 않느냐고 물어봤을 때 가장 많이 돌아오는 대
답은 남의 집이라서 또는 금전적, 시간적 여유가 없어서라는 것이다.

하지만 우리는 이미 남의 공간에서 금전과 시간을 쓰며 즐거워하고 있다.
지금까지 소비한 시간과 여유를 진짜 나만을 위한 곳에 써보면 어떨까?
남에게 보여주기 위한 일상이 아닌, 진짜 나의 일상을 위해
예쁜 집을 꾸며보자.

interior consulting

◆
집을 꾸미면 달라지는 것들

집을 꾸미면 무엇이 달라질까?

조금 허무할 수도 있지만 거창하고 고생스럽게 집을 꾸미고 나면 달라지는 것은 지극히 소소한 일상이다. 아침에 눈을 뜨고 침구를 정리할 때의 느낌, 이를 닦을 때의 기분, 출근 전 입속에 욱여넣는 시리얼의 맛처럼 하루의 기분이 달라진다. 그리고 장담하건대 그 기분은 온종일 나에게 좋은 에너지로 남아 있을 것이다.

prologue

나는 즐거운 취미를 한 가지 가지고 있다.
주말이나 퇴근 후 밥을 차리기 귀찮을 때면 편의점에서 파는 삼각김밥을 먹곤 한다. 피곤한 와중에도 우드 트레이에 하얀 도자기 접시를 올리고 그 위에 포장지를 벗겨낸 삼각김밥을 올린다. 그리고 도자기 찻잔에 녹차를 우려낸 다음 매실장아찌를 곁들인다. 이렇게 차려서 먹을 거면 그냥 제대로 밥을 하지, 라는 생각이 들기도 한다. 하지만 이렇게 꾸미면 비록 편의점 삼각김밥이라도 나를 위해 잘 차려진 한 끼를 먹는 기분이다.
세상 바보 같지만 내 기분이 좋으면 그만 아닌가?
지금 내가 살고 있는 '남의 집'을 꾸미는 일도 이것과 비슷할 것이다.

예쁜 우드 트레이와 도자기 식기가 앞으로 꾸밀 집이고, 그 위에 올린 편의점 삼각김밥이 소소한 일상이라고 생각해 보자. 삼각김밥 같은 우리의 일상에 약간의 참기름을 발라보자.

가끔 친구가 집에 놀러 와서 배고프다고 하면 이렇게 차려주곤 한다. 열이면 아홉은 실소하거나 진심으로 기분 좋은 미소를 짓는다. 삼각김밥 따위 대접했다고 푸념하는 사람은 없었다. 그리고 한동안 기억에 남아 있는지 다른 누군가를 만나면 미주알고주알 도자기 접시에 차려준 삼각김밥 얘기를 한다.

interior consulting

20대 후반부터 내가 지내는 공간들은 모두 직접 인테리어를 했다. 처음에는 다들 왜 쓸데없는 짓을 하냐고 했지만 지금은 자기네 집도 꾸며달라고 성화다. 솔직히 남들보다는 돈을 조금 더 쓴 것 같기도 하고 고생도 조금 한 것 같다. 그렇게 해서 바뀐 것은 멋들어진 공간이라기보다 소소한 일상 정도다. 하지만 일상의 기분이 바뀌면 생각보다 많은 것이 바뀐다. 평범한 직장인의 삶을 살다가 지금 화실을 운영하게 된 것도 나의 집에서 시작된 사소한 일상들이 모여서 이루어진 것이다. 물론 최대 수혜자는 민영이다.

잠깐의 수고스러움과 약간의 사치로 우리의 사소한 일상이 상상 이상으로 즐거워질 것이다.

prologue

interior consulting

◆
얼마를 써야 할까?

집을 꾸미기 전에 가장 먼저 머릿속을 스치는 생각이 있다. 얼마를 써야 할까? 인테리어를 한다고 하면 돈이 많이 들 거라는 고정관념이 있기에 선뜻 시작하기가 쉽지 않다. 일단 너무 거창하게 생각하지 말고 마음을 편하게 먹어보자. 얼마를 써야 할까? 이 질문의 가장 완벽한 답은 '내가 쓸 수 있는 만큼'이다. 딱 내가 쓸 수 있을 만큼!

아무도 재촉하지 않으니 자신이 할 수 있는 부분부터 조금씩 해나가면 된다. 아니면 우리 집에 예쁜 구석 하나쯤 만든다는 생각으로 한 부분만 꾸며도 된다. 기존에 있던 가구나 소품을 리폼하는 방법도 있고, 패브릭 제품(침구, 커튼 등)만 맞춰도 분위기가 확 달라질 수 있다.
몇 년 전 CNN에서 최신 패션 감각을 살려 만든 발렌시아가의 200만 원대 명품 가방이 1,500원짜리 이케아 장바구니와 '똑같다'는 내용을 보도한 적이 있다. 물론 느낌이 비슷한 경우였고, 유머러스하게 보도한 것이었다. 이밖에도 가구, 침구, 소품들도 비슷한 경우가 많다. 비슷한 느낌의 제품이 몇만 원에서 몇백 몇천 원까지, 인테리어 제품들은 패션과 마찬가지로 가격 스펙트럼이 매우 넓다. 우리의 예산과 콘셉트에 어울리는 제품을 선택하는 능력만 있으면 된다. 온몸에 명품을 둘러도 서로 어우러지지 않으면 명품의 가치를 발휘할 수 없다. 그보다는 저렴하고 깔끔한 청바지와 하얀 티셔츠 차림이 훨씬 고급스럽다. 중요한 것은 가격보다 조화다.

몇 가지 팁만 알면 생각보다 쉽게 인테리어를 할 수 있다. 지레 겁먹지 말자.

prologue

◆
무엇부터 바꿔야 할까?

쓸 수 있는 만큼 예산을 정했고, 마음도 먹었으며, 인테리어할 시간도 조금 만들었다 치자.
우선 어떤 것이든 좋아 보인다고 덥석 사면 절대 안 된다. 먼저 상상을 해보자. 북유럽, 모던, 내추럴 스타일 같은 단어는 '절대' 떠올리지 말자. 평생 가보지도 못한 북유럽 스타일로 집을 꾸민다고 해서 과연 나에게 어울리는 집일까? 화려한 옷을 즐겨 입고 온갖 물건들을 모으는 것을 좋아하는 사람에게 일본의 젠(Zen) 스타일이 어울릴까? 그 사람의 모습과 닮은 집이 좋은 집이다. 앞으로 닮고 싶은 모습이어도 좋다. 즉, 집의 콘셉트는 남들이 규정한 스타일이 아니라 그 집에 살 사람이어야 한다.

가장 먼저 내가 어떤 것을 좋아하는지 생각해 보자. 물론 어떤 것을 좋아하냐고 물었을 때 곧바로 대답할 수 있는 사람은 많지 않을 것이다. 보통은 자신의 취향을 생각하며 살지도 않고, 자기의 취향을 딱 하나로 정의하기도 어렵기 때문이다.

일단 내가 좋아하는 것들을 나열해 보자. 좋아하는 옷, 스마트폰에 캡처해 둔 사진, 플레이리스트에 있는 노래, 평소 자주 가는 카페, 식당, 빵집, 여행에서 사온 물건 등 어떤 것이든 좋다. 그러면 어느 정도 나의 취향이 보일 것이다. 이제 시작이다.

당신의 취향은 어떤가요?

interior consulting

prologue

014 ◆ 예쁜 곳을 찾아다니는 당신에게
016 ◆ 집을 꾸미면 달라지는 것들
020 ◆ 얼마를 써야 할까?
021 ◆ 무엇부터 바꿔야 할까?

◆
part 1.

사소한 일상이 _____ 기억에 남는 집

028   # 1년간의 창고살이

038   # 네이버 메인에 나온 그 집, 910호
041   ◆ 공간이 넓어 보이게 몰딩 칠하기
045   ◆ 행잉 플랜트가 있는 휴양지 같은 집
050   ◆ 페인팅 없이 집에 컬러 입히기
054   ◆ 복층에서 살아보니

contents

056	# 그 남자의 화실
	톤 인 톤 인테리어

059	◆ 바꿀 수 있는 것 바꿀 수 없는 것
060	◆ 톤 인 톤 인테리어
066	◆ 나에게 딱 맞는 가구 만들기
076	◆ 집에 딱 맞는 커튼 저렴하게 제작하기
079	◆ 나뭇가지로 빈티지 조명 만들기
082	◆ 고양이를 위한 다락방

088	# 2019년 820호의 어느 날
092	◆ 콘셉트 정하기
097	◆ 핀터레스트를 활용해 공간에 딱 맞는 컬러 정하기
100	◆ 컬러 시뮬레이션으로 공간에 딱 맞는 컬러 정하기
116	◆ 원룸을 쓰리룸처럼
127	◆ 고양이와 함께 사는 중

interior consulting

◆ part 2.

나도 너처럼 _____ 살고 싶다

136   ◆ 습관과 취향으로 채워진 공간
139   ◆ 본격적인 인테리어를 위한 준비

146   # 친구가 많은 그
149   ◆ 공간을 답답하게 만드는 몰딩 페인팅하기
152   ◆ 분위기 좋은 펍으로 변신한 거실
157   ◆ 잠만 자는 용도의 편안하고 심플한 침실

160   # 취미가 많은 그녀
165   ◆ 그녀를 닮은 인테리어
171   ◆ 페인팅으로 낡은 가구 리폼하기
175   ◆ 그녀의 취미를 담은 집

contents

180

196

210

180   # 아들 집이 탐났던 엄마
186   ◆ 보이지 않는 수납으로 깔끔하게 잡동사니들 정리하기
191   ◆ 휴양지 리조트 같은 침실

196   # 그녀의 복층 오피스텔
       부모님이 자주 놀러 오시는 맥시멀리스트
200   ◆ 실패할 일 없는 톤 온 톤 인테리어
204   ◆ 지저분한 공간을 가리는 패브릭 활용법

210   # 20대 청년에서 30대 남자로
214   ◆ 시간의 흐름에 따라 함께 나이 드는 인테리어
218   ◆ 마음을 차분하게 해주는 브라운-베이지(톤 온 톤) 인테리어

epilogue

part 1.

♦

사소한 일상이

_____

기억에 남는 집

♦

interior consulting

1년간의 창고살이

1년간의 창고살이

내가 언제부터 인테리어에 이렇게 신경을 많이 쓰고 살았나 생각을 해보니 스물아홉 살 무렵부터다. 내 사업을 해보겠다고 자그마한 원룸 집을 정리하고 렌탈 스튜디오를 차렸을 때부터였다. 당시 통장에 100만 원 정도 있었던 것 같다. 자본금이 없어도 사업은 하고 싶었다.

일단 4년 동안 살았던 5평 크기의 원룸에서 나온 보증금 1,500만 원으로 보문역 인근 주택가에 있는 지하 사무실을 얻었다. 전체 평수가 45평 정도였는데 큰 사무 공간이 하나 있고 문을 열고 나가면 공용 계단과 화장실, 그 옆에 6평 정도의 창고가 있었다.

이 창고가 나의 집이 될 공간이었다. 말 그대로 창고였고 처음 건물을 지을 때 바닥에 너무 큰 바위가 있어서 다 깨지 못하고 그 위에 구조를 만들어서 층고는 낮지만 계단식인 이상한 공간이었다.

도저히 그 상태로 지낼 수 없어서 기본적인 보수 공사를 하기로 했다. 스튜디오 보증금 1천만 원을 제외하고 남은 500만 원에서 250만 원은 스튜디오 내부 공사비로, 나머지는 여분의 월세로 가지고 있어야 했다.

interior consulting

6평 공간에 쓸 수 있는 돈은 70만 원 정도였는데 직전에 살던 원룸이 나름 풀 옵션이라 당시 내 짐은 매트리스 하나뿐이었다. 70만 원에 '내 집'을 만들어야 했다.

전에 살던 원룸은 작기는 해도 빛이 잘 들어오고 크게 인테리어를 할 필요가 없었다. 그러다 빛 한 줄기 들지 않는 지하 창고에 들어오면서 어린 마음에 나름 보상 심리가 생겼는지 조금이라도 '예쁘게' 꾸며놓고 살고 싶었다. 아니 다른 집보다 더 좋게 꾸미고 싶었다. 태어나서 처음으로 페인트 칠도 하고 저렴하지만 가구도 컬러를 맞춰 구매하고 선반도 달고 리폼으로 필요한 가구도 만들었다. 햇빛이 들어오지 않아 식물은 모두 조화로 꾸며놓고 아침이 되면 자동으로 켜지는 조명도 샀다.

어쨌든 태어나서 처음 꾸민 내 집은 몹시 어설펐다. 한 번에 끝나지도 않았고, 크고 작게 다치기도 하며 여러 번의 시행착오를 겪었다.

처음 창고를 인테리어할 때는 돈도 경험도 없었기 때문에 조금 촌스러운 방법을 택했다. 저가 가구 브랜드의 제품을 세트로 구매한 것이다. 옷을 못 입는 사람이 마네킹에 입혀놓은 그대로 구매하는 것처럼 말이다.

1년간의 창고살이

겉보기에는 나쁘지 않았지만 지금 생각하면 내 취향과는 거리가 멀었다. 그리고 무엇보다 스튜디오를 꾸미고 관리하는 일에 신경 쓰느라 내 취향은 생각해 보지도 못했다. 뿐만 아니라 유리문을 열면 바로 상가 화장실과 출입 계단이 있고 날이 밝아도 조명이 없으면 깜깜한 공간, 바닥에서 올라오는 습기와 한기는 둘째치고 무엇보다도 집과 일터가 분리되지 않아 편히 쉴 수 없었다.

오래된 건물에 만든 스튜디오와 창고는 보수할 곳이 많았다. 석고 벽, 콘크리트 벽, 나무에는 각기 다른 나사못과 도구를 사용해야 한다는 것도 그때 알았다. 렌탈 스튜디오의 특성상 시즌별로 인테리어를 바꿔야 하기 때문에 장판도 깔아보고 타일도 직접 시공했다.

tip / 벽에 따른 다양한 나사못의 종류

인테리어를 하다 보면 벽에 나사를 박을 일이 많다. 그런데 벽 종류에 따라 용도에 맞는 나사못을 사용해야 한다. 다음은 각 벽에 따른 나사못의 종류다.

① **나무** : 끝이 뾰족한 일반 나사못을 사용한다. 못을 박기 가장 쉬운 소재지만 나무가 얇을 경우 자칫 나뭇결을 따라 쪼개질 수 있다. 드릴을 이용하여 나사보다 조금 작은 구멍을 먼저 만든 다음 나사를 박는 것이 좋다.

② **석고보드** : 드라이버로도 쉽게 뚫리며, 하얀색 분필가루 같은 것이 나온다. 강도가 약하기 때문에 일반 나사못을 박으면 바로 빠진다. 석고보드 전용 앵커를 먼저 박은 다음 그 안에 일반 나사못을 박아야 한다.

③ **콘크리트** : 일단 구멍 뚫기가 쉽지 않다. 콘크리트 전용 드릴을 사용해야 하고 구멍을 뚫은 후 콘크리트 전용 앵커를 박은 다음 나사를 박아야 한다.

④ **철판** : 일반 나사 또는 드릴로는 뚫리지 않는다. 끝에 날이 달린 철판 전용 나사를 이용해 천천히 뚫어야 한다.

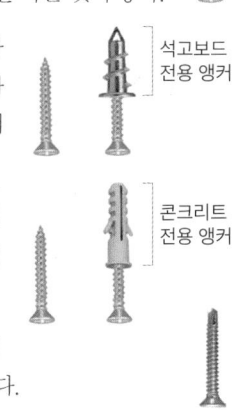

interior consulting

벽도 세워보고 창문도 만들고 커튼과 블라인드도 달아보았다. 1년 동안 정말 안 해본 것이 없는 것 같다. 물론 모두 처음 해보는 일이었다. 조금이라도 돈을 아껴야 했기에 모두 셀프로 시공했다.

1년간의 창고살이

지금은 웬만한 공구를 모두 구비해 두었지만 처음에는 공구를 대여해서 사용했다. 간단한 공구는 주민센터에서 빌려주고 큰 장비들은 을지로 공구거리에서 대여했다.

tip / 공구 렌탈 사이트

을지로3가 청계천길은 대부분 공구를 취급하는 점포들이다. 그중 공구를 대여해 주는 곳도 있다. 나는 스튜디오 공사를 할 때 절단기와 에어타카, 전동드릴, 직소 등의 공구를 이틀간 대여했다. 한두 번 쓸 경우 비싼 공구를 구매하는 것보다 대여하는 것이 더 현명하다. 그리고 을지로3가 공구거리에서 대여하면 사용법을 직접 알려준다. 간혹 가게 사장님에 따라 친절하지 않을 수 있으니 당황하지 말자. 당일에 대여할 수도 있지만 웹사이트에서 예약하면 더 편하다. 내가 스튜디오 공사를 할 때 이용했던 곳은 '제일종합안전공구(www.공구공구.kr)'이다. 셀프 인테리어 시에는 전문적인 장비를 쓸 일이 거의 없기 때문에 여기서 대여해 주는 장비만 사용해도 충분하다.

주민센터 공구 대여 관련 팸플릿

을지로 공구센터가 멀거나 간단한 공구가 필요하다면 동네주민센터에 문의하자. 서울시의 경우 '서울 공구 대여소'를 운영하고 있다. 대부분 전화로 문의하고 신분증을 맡기면 대여할 수 있다.

아무것도 없는 큰 사무 공간은 벽을 세워 공간을 나누고 싶었다. 벽돌을 쌓아야 하나 시멘트를 발라야 하나 한참 고민하다 보니 나무를 잘라서 어찌어찌하면 될 것 같기도 했다. 나무에 대해 아무것도 모르는 상태에서 건축 마감재 도매상에 연락해 나무 원판과 각목을 트럭 가득 주문했다. 당시에는 아무런 지식이 없었기에 계절이 바뀌는 동안 벽이 틀어지거나 바닥이 들뜨기도 했다. 덕분에 동네 철물점을 단골처럼 드나들었다.
사실 대부분의 기술은 동네 철물점에서 배웠다. 공구를 빌릴 때나 자재를 살 때 가게 사장님들에게 이것저것 물어보는 넉살도 늘었다.

간혹 셀프로 어떤 것을 시공할 때 잘 모르겠다면 동네 철물점 사장님에게 물어보는 것도 좋다. 철물점 사장님은 대부분 젊은 사람이 먼저 다가가 이것저것 물어보는 것을 좋아한다.

오른쪽 사진의 벽, 바닥, 타일, 창문 등 모두 100퍼센트 셀프 시공이다. 이제 와 하는 말이지만 정말 쉽지 않은 작업이었다. 인테리어를 바꿀 때마다 다음에는 꼭 전문가에게 맡겨야지 하고 다짐하지만 막상 때가 되면 돈을 아껴야겠다는 생각이 앞선다.

인테리어를 하나씩 직접 해보면서 알게 된 것은 두 가지다. 인테리어에 대해 아무것도 모르는 백지 상태여도 할 수 있다는 것과 시작하면 언젠가는 끝이 난다는 것.

스튜디오를 고치고 꾸미고 운영하는 동안 나에게 집이란 그저 잠자는 공간일 뿐이었다. 퇴근 후 사무실 문을 열고 몇 발짝만 걸으면 집이었고, 렌탈 스튜디오는 항상 뒤죽박죽에 손볼 곳은 끝이 없었다. 내가 쉬는 날에도 스튜디오를 오픈했기 때문에 내 방에 누워 있으면 손님들이 왔다 갔다 하는 소리가 다 들렸다. 우리 집이 스튜디오인 줄 알고 문을 벌컥 여는 손님들도 더러 있었다. 햇빛이 전혀 들어오지 않아 수면의 질도 매우 낮았다. 창고에서 지내는 시간은 온전히 쉬는 기분이 들지 않았다.

interior consulting

아무것도 모르고 시작한 스튜디오 운영은 어느새 1년이 훌쩍 지났다. 반복되는 일상에 처음의 열정은 식어갔고 내 나이는 앞자리가 바뀌었다. 그동안 여행을 두 번 다녀왔는데, 호텔에서의 숙면은 만족스러웠다. 일단 잠이 너무 잘 오고 밝은 햇살에 눈이 저절로 떠지면 그게 너무 행복했다. 여행지에서 집으로 돌아오고서도 내 집이 빛이 잘 들어오는 호텔 같으면 얼마나 좋을까라는 생각이 들었다.

1년이 조금 지난 어느 날 갑자기 집을 옮겨야겠다는 생각이 들었다. 특별한 계기는 없었다. 그저 조금 지쳐 있었던 데다 휴일이면 햇빛이 잘 드는 집에서 쉬고 싶었고, 퇴근하면 저녁이 있는 삶을 살고 싶었다.

사실 새로운 집을 마련할 정도로 돈을 많이 벌지 못했다. 생활비로 쓰고 나면 남는 것도 별로 없었고, 조금씩 모은 돈은 고생한 나에게 주는 선물이라는 명목하에 두어 번 다녀온 여행으로 대부분 소비했다. 새로 집을 마련한다는 것은 처음 스튜디오를 시작했을 때처럼 무모하고 무리한 계획이었다.
그래도 일단 행복해지고 싶었다. 그렇게 해서 '서울 한복판'에 '청계천'이 보이는 '복층' '오피스텔'을 얻었다. 다른 소비를 많이 줄여도 월세와 카드 값을 내고 나면 주머니에 남는 돈은 거의 없었다. 그럼에도 불구하고 일단은 그렇게 살고 싶었다.

지난 몇 년간 나는 매번 무모했던 것 같다. 그래도 그 모든 선택은 나를 위한 것이었기에 후회는 없다.

TV에 종종 출연하는 인테리어 디자이너가 했던 말이 있다.
"인테리어를 할 필요가 없는 곳으로 가는 것이 가장 좋은 인테리어다."

그런 점에서 나는 매번 나쁜 인테리어 방법을 선택한 셈이다.

아무도 보채지 않고 급할 것이 하나도 없었지만 마음먹은 이상 하루라도 빨리 창고 방에서 나가고 싶었다. 처음으로 본 집이자 마지막으로 본 집이었다. 복층, 오피스텔, 청계천이라는 세 가지 조건이면 충분했다. 나는 그 자리에서 바로 계약했다. 그런데 나중에 다시 보니 건물은 매우 낡았고, 손볼 곳이 너무 많았다.

이사할 집을 고를 때는 반드시 여유를 가지고 살펴보자. 배고플 때 마트에서 장을 보면 아무거나 덥석덥석 집어 들어 나중에 후회하는 것과 같다. 화장실이 깨끗한지, 창틀이 견고하고, 방음 또는 단열이 잘 되는지, 난방 혹은 냉방이 잘 되는지, 수압은 어떤지, 곰팡이 핀 곳은 없는지 등 기본적인 시설을 꼼꼼히 살펴볼 필요가 있다.

비록 정신 차리고 보니 손볼 곳이 많았지만 스튜디오를 하면서 1년간 쌓아온 인테리어 경험으로 극복할 수 있었다. 그리고 이번에는 온전히 나만의 공간이었기 때문에 인테리어 과정이 마냥 힘들지만은 않았다.

interior consulting

네이버 메인에 나온
그 집, 910호

#체리색 몰딩 #회색 프레임 #노란색 주방 유리벽 #총체적 컬러 난국

네이버 메인에 나온 그 집, 910호

집주인은 제주도에 사는 마음씨 좋은 아주머니셨는데 전화로 늘 축복한다는 말씀을 해주셨다.
이사 전에 미리 집을 좀 꾸미고 싶다고 했더니 월세를 받지 않고 일주일 정도 시간을 주셨다. 일주일 동안 스튜디오 일이 끝나면 바로 그 집에 가서 인테리어하고 다시 지하 스튜디오로 돌아와 잠들었다. 허리도 삐끗해서 거의 반 환자 상태였지만 아주머니의 축복스런 말 때문이었는지 이 집에 온 뒤로 이런저런 좋은 일들이 많이 생겼다.

열심히 꾸민 결과물을 어디에라도 자랑하고 싶어 블로그에 인테리어 과정을 하나씩 올렸다. 그리고 며칠 뒤 아침부터 친구에게 네이버에 들어가 보라고 연락이 왔다. 잠이 덜 깬 상태에서 핸드폰을 켜보니 네이버 리빙 페이지 메인에 내 포스팅이 올라와 있었다. 처음에는 덤덤했는데 8만 명이라는 방문자 수를 보고 기분이 조금 달라졌다. 메인 페이지에 올라간다고 딱히 달라질 것도 없지만 수많은 응원 메시지에 조금은 자신감이 생겼다.

그때부터 용기를 얻어 별거 아닌 팁들을 조금씩 올렸고, 이후 몇 번 더 다음과 네이버 메인 페이지에 포스팅되었다.

네이버 메인에 올라가지 않더라도 집에 놀러 온 친구들의 '예쁘다' 한마디, SNS에 달린 누군가의 '좋아요'가 고생한 보람이 되었다. 앞으로도 나를 위한 집을 더 잘 꾸미고 나 자신을 더 잘 보살피라는 응원처럼 느껴졌다.

인테리어를 하기 전에도 지하 공간에 비하면 너무나도 훌륭한 집이었다. 하지만 내가 지하에서 탈출해 살고 싶은 집이 아니었다. 복층을 받치고 있는 기둥은 칙칙한 회색 금속이었고 주방과 화장실을 나누는 벽은 노란색 시트지가 붙어 있는 유리였다. 그리고 모든 모서리란 모서리에는 체리색 몰딩이 둘러져 있었다.

Solution

910호의 인테리어 플랜
① 총체적 컬러 난국 해결 ② 휴양지 같은 집 인테리어

네이버 메인에 나온 그 집, 910호

◆
공간이 넓어 보이게
몰딩 칠하기

층고가 3미터 20센티미터인 복층인데도 공간이 조금 답답해 보였다. 그 이유는 몰딩 때문이었다. 어두운 색의 몰딩은 공간을 좁아 보이게 만든다. 끝이 어디인지 시각적으로 정확히 보여주기 때문이다. 두 번째로 서로 어울리지 않는 컬러도 공간을 좁아 보이게 만든다. 각각 시각적으로 공간을 차지하기 때문이다. 일단 집을 인테리어하기 전에 바탕부터 다듬어보기로 했다. 몰딩과 기둥 유리벽을 모두 화이트로 마감한 다음 어떻게 꾸밀지 생각해보기로 했다.

몰딩은 대부분 코팅 마감된 상태여서 그대로 페인트를 칠하면 쉽게 벗겨지거나 잘 칠해지지 않는다. 페인트가 잘 입혀지도록 먼저 젯소로 기초 작업을 해줘야 하는데 젯소의 색과 제형은 흰색 페인트와 비슷하다. 동네 문구점이나 페인트 전문 온라인 사이트와 오프라인 매장에서 구입할 수 있다. 젯소는 몰딩 외에도 문, 창틀, 가구 등에 페인트 접착력을 높여주고 바탕색을 가려주어 새로운 색을 더 선명하게 해준다. 몰딩 크기와 비슷한 페인트 붓을 이용해서 얇게 잘 발라주기만 하면 된다.

tip / 가장 많이 사용하는 브러시 종류

① 롤러 : 벽처럼 평평하고 넓은 곳을 칠할 때 주로 사용한다. 붓 자국 없이 깔끔하게 칠할 수 있다.

② 평 브러시 : 가장 일반적인 붓으로 가구나 문 등 평평하지 않은 곳에 주로 사용한다.

③ 앵글 브러시 : 브러시 끝이 사선으로 처리되어 몰딩이나 틈새 또는 경계면을 섬세하게 칠하는 용도로 사용한다.

③ 폼 브러시 : 스펀지로 만들어서 털 빠짐이 없고 붓 자국 없이 깔끔한 페인팅이 가능하다. 주로 스테인(나무에 색을 입히는 작업)을 칠할 때 많이 사용한다.

복층의 경우 몰딩을 칠할 때 반드시 두 사람이 작업해야 한다. 층고가 높아 조금만 휘청해도 큰 사고가 날 수 있기 때문이다.

이동하기 쉬운 넓은 테이블에 올라가서 페인트 작업을 하는 것이 가장 좋다. 적당한 테이블이 없다면 관리실에서 사다리를 빌리자.

주의 _ 페인트칠을 할 때 안경이나 옅은 컬러의 선글라스를 착용하는 것이 좋다. 천장을 올려다보고 칠하다 보면 페인트가 눈에 튈 수 있기 때문이다. 한번은 페인트칠을 끝내고 콘택트렌즈를 뺐는데 렌즈에 페인트가 한 방울 튀어 굳어 있었다.

몰딩은 젯소 1회, 페인트 2회 정도 칠하면 적당하다. 완전히 마른 다음 덧칠하는 것이 좋지만 1시간 정도 건조 후 칠해도 충분하다. 습도가 높은 여름에는 제습기나 에어컨을 틀어놓고 하면 훨씬 효과적이다. 화이트가 아니어도 벽, 천장과 같은 컬러로 몰딩을 마감하면 공간이 깔끔해 보이고 가구나 소품에 더 시선이 가는 효과가 있다.

폼블록(노란 시트지)을 붙이기 전과 후

주방과 화장실을 구분하는 노란색의 유리벽은 페인트칠이 어려워 폼블록을 붙였다. 폼블록은 단열 효과도 있고 얇은 시트지를 붙일 때처럼 기포가 생기지 않아 수월하게 작업할 수 있다. 가위로 쓱쓱 잘라 스티커처럼 붙여주기만 하면 된다. 가격도 저렴한 편이고 다이소에서 쉽게 구입할 수 있다.

집 꾸미기는 메이크업과 비슷하다. 예쁜 색조로 꾸며도 피부가 좋지 않으면 예뻐 보이지 않는다. 집을 꾸민다고 이런저런 소품을 사고 좋은 가구를 들이는 것보다 집의 베이스인 몰딩을 칠하고 지저분한 곳을 마감해 주는 것이 훨씬 효과적이다. 밑바탕만 잘 다듬어도 공간은 충분히 예뻐진다.

네이버 메인에 나온 그 집, 910호

◆
행잉 플랜트가 있는
휴양지 같은 집

스튜디오 옆에 잠을 잘 수 있는 공간이 있는데도 비싼 월세를 감수하면서 이사한 것은 진정한 휴식을 위해서였다.

진정한 집에서 정말 편안하게 쉬려면 어떻게 꾸미는 것이 좋을까? 휴양지의 호텔에서 편하게 쉬었던 기억이 먼저 떠올랐다. 생각해 보면 호텔에는 없는 것이 많다. 작은 책상, 티테이블, 1인용 소파, 침대가 전부다. 그림 한두 점을 제외하곤 아기자기한 소품과 이런저런 가전제품도 거의 없다.

하지만 호텔 크기와 별반 다르지 않은 우리 집에는 온갖 물건이 다 있다.

interior consulting

편리하게 살려고 구입했던 물건이 오히려 우리를 피곤하게 만드는 것은 아닐까?
910호에는 조금 불편하더라도 내가 좋아하는 최소한의 몇 가지만 가져오기로 했다. 살면서 정말 필요한 물건들이 어떤 것인지를 진지하게 고민해본 순간이었다. 2인용 식기 세트, 자전거, 침구, 화분, 세면도구, 전자레인지, 전기포트, 청소기만 가져다놓았다.

불편하지 않을까 생각했지만 막상 살아보니 어느 때보다 편했다. 치울 것도 정리할 것도 별로 없었다. 생각해 보면 구석구석 쌓아놓고 1년에 두어 번 쓸까 말까 한 물건들이 얼마나 많은가. 곰곰이 생각해 정리해 보자.

어차피 효율을 따져서 이사한 집이 아니었기 때문에 일단 기분 좋게 꾸미고 싶었다. 좋아하는 자전거를 벽에 걸고, 해먹을 설치하고 싶었지만 안전상 어려울 것 같아 해먹은 벽에 장식용으로 걸어두었다. 보기만 해도 기분이 좋아졌다. 직접 그린 그림을 걸고 안락의자도 하나 놓았다. 그리고 호텔처럼 살기 위해 타월을 잘 보이는 곳에 올려두었고 편안한 슬리퍼를 준비했다.

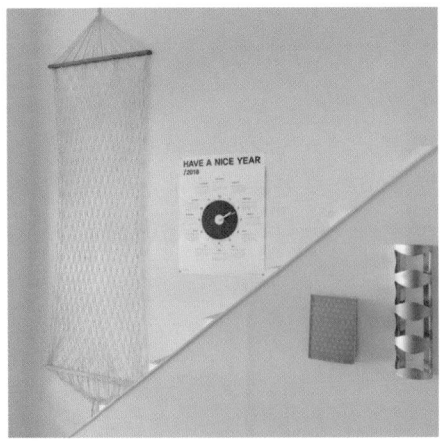
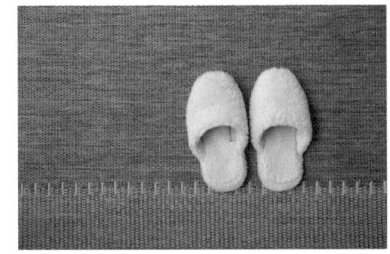

네이버 메인에 나온 그 집, 910호

910호는 벽에 뭔가를 많이 달아놓았던 것 같다. 지금 읽고 있는 책, 좋아하는 와인, 자전거, 해먹, 달력, 거울, 수건 등. 공간을 넓게 쓰고 싶었기 때문이다.

창이 없는 지하 스튜디오에 살면서 생긴 로망이 하나 있다면 넓고 커다란 창에 식물을 매달아 키우는 것이다. 그래서 이사하자마자 식물을 해먹과 자전거처럼 벽에 매달아놓았다. 벽에 매달면 바닥 공간을 차지하지 않기 때문에 공간이 넓어 보이는 효과도 있다.

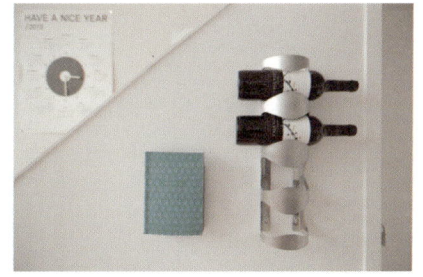

이케아의 부름(VURM) 와인랙. 간단하고 멋스럽게 여러 개의 와인을 정리할 수 있다.

행잉 플랜트에는 여러 가지 방법이 있는데 910호는 주로 액자걸이를 이용했다. 천장에 나사를 박아서 철사 고리를 거는 액자걸이를 다이소나 인터넷 사이트에서 쉽게 구입할 수 있다. 몰딩에 나사를 박으면 나중에 빼더라도 표시가 많이 나지 않고, 벽에 못을 박는 것보다 훨씬 수월하다.

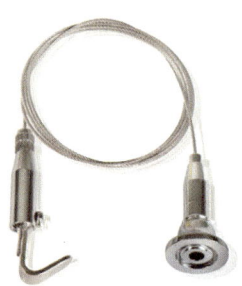

와이어 액자걸이

몰딩에 나사를 박을 때는 드릴이나 드라이버를 사용해 일반 나사못을 박으면 된다. 하지만 나무 천장이라면 일반 나사못을 이용하고, 석고보드라면 앵커를 박은 다음 나사못을 고정한다. (31쪽 참고)

네이버 메인에 나온 그 집, 910호

식물들은 모두 양재화훼시장에서 저렴하게 구입했다. 선인장은 한쪽에 상처가 있는 것을 화분을 포함하여 10만 원에 구입했다. 상처 난 부분은 보이지 않게 돌려 두면 감쪽같다.

평소에 자전거를 즐겨 타는데 집 안에 둘 곳이 없어서 고민이었다. 시중에 파는 자전거 벽걸이 제품은 910호에 사이즈도 맞지 않고 화이트 컬러가 없어서 이케아 행거를 설치한 후 자전거를 거치했다. 모든 물건을 용도대로만 사용할 필요는 없다. 가격은 자전거 벽걸이보다 절반이나 저렴했다.

이케아 MULIG 벽 고정 행거바

interior consulting

◆
페인팅 없이 집에 컬러 입히기

네이버 메인에 나온 그 집, 910호

나는 910호를 제외하고 보통은 짙은 컬러로 페인트를 칠해왔다. 하지만 반드시 페인트칠을 해야 하는 것은 아니다. 집주인이 허락하지 않는 경우도 많고 페인트칠 자체가 번거로운 일이라 선뜻 추천하기가 쉽지 않다. 910호의 경우 몰딩만 화이트로 칠하고 벽은 따로 페인트칠을 하지 않았다. 일단 이사 올 때 집주인이 도배를 새로 해주어 굳이 색을 또다시 입히고 싶지는 않았기 때문이다. 대신 두 가지 방법으로 페인트칠을 한 효과를 주었다.

첫 번째는 패브릭을 이용하는 것이다. 집에서 가장 큰 면적을 차지하는 게 바로 커튼과 침구다. 침구 컬러만 바꿔도 집 전체의 분위기가 완전히 바뀐다. 절대 엄마가 사주시는 이불은 쓰지 말자. 마음은 감사하지만 나의 공간이니 엄마의 취향은 엄마 집에만 두도록 하자.

두 번째로 침구에 맞춰 그림을 걸어두는 것이다. 그림은 넓은 벽에 색을 입힐 수 있는 가장 쉬운 방법이다. 하지만 꼭 그림을 걸어야 하는 것은 아니다. 큰 캔버스에 한 가지 컬러만 칠해서 걸어도 비슷한 효과를 줄 수 있다. 캔버스는 알파문구, 드림디포, 대형마트, 고속터미널의 한가람문구, 화방 등에 가면 쉽게 구입할 수 있다. 낱개로 판매하는 아크릴 물감이나 페인트를 사서 바르면 된다. 그림 대신 좋아하는 무늬의 카펫이나 숄, 원단을 걸어보는 것도 방법이다.

핑크색 페인트 대신 연한 핑크색 침구에 같은 색 계열의 베개와 쿠션 그리고 그림이 있는 910호는 30대 초반의 남자가 사는 '핑크 하우스'가 되었다.

interior consulting

핑크색 배경의 그림을 걸어 화이트 컬러가 메인인 집에 화사한 느낌을 더했다.

네이버 메인에 나온 그 집, 910호

베이지 컬러를 칠한 캔버스를 걸어 화이트가 주를 이루는 공간에 포근한 느낌을 더했다.

복층에서 살아보니

복층은 겨울에는 더 춥고 여름에는 더 더워 냉난방비를 조금 혹독하게 치러야 한다. 복층 쪽은 층고가 낮아 움직임이 불편해 의외로 이용할 일이 많지 않았다. 그래서 복층에 빈 매트리스만 놓아 손님 공간으로 남겨뒀다. 또한 복층은 수납공간도 애매하고 평수 대비 월세도 비싸다는 단점이 있다.

하지만 결론적으로 1년이 조금 넘게 사는 동안 나는 행복했다. 일단 그토록 갈망했던 햇빛이 잘 들어왔으며, 높은 층고는 침대에 누울 때마다 낯설었지만 마음이 여유롭게 느껴졌다. 아침에 마시는 커피 맛이 훨씬 더 좋아졌고, 퇴근 후 친구들이 자주 놀러 왔다.

네이버 메인에 나온 그 집, 910호

이 집에 사는 동안 많은 사람들이 복층에 대해 물었다. 창 넓은 복층 오피스텔에 대한 로망이 누구에게나 있나 보다. 현실은 조금 달랐지만 로망을 실현한 것만으로도 좋았다. 복층은 1년 정도는 살아볼 만하다. 복층집에서 1년을 살아보고 단층집으로 이사하면 단층집이 얼마나 편한지 알게 된다. 참고로 고양이에게는 더할 나위 없이 좋은 집이다. 캣타워가 따로 필요 없으니.

910호로 이사하고 조금 익숙해질 즈음부터 나의 일상은 조금씩 달라지기 시작했다.

interior consulting

그 남자의 화실
톤 인 톤 인테리어

그 남자의 화실

910호가 이런저런 매체에 소개되면서 많은 사람들이 온라인 댓글과 쪽지를 보내왔다. 대부분 가구와 소품을 어디에서 구입했는지, 얼마가 들었는지, 시공은 어떻게 했는지 등의 질문이었다. 그중엔 집에 걸려 있는, 내가 직접 그린 그림을 판매할 생각은 없는지, 그림 수업은 따로 안 하냐고 물어보는 사람도 있었다.

며칠 동안 머릿속이 복잡했다. 퇴근 후 휴식이 있는 삶을 위해 정들었던 집을 옮겼고 그 결과 꽤 만족스러웠다. 문득 이런 생각이 들었다. 910호에서의 '일'을 행복한 나의 일로 만들 수 있지 않을까? 인테리어 일을 무작정 시작했듯, 이 '일'도 일단 시작해 볼까? 그런 무모한 생각.
한 달 동안의 고민 끝에 바로 스튜디오를 정리하고 그림 수업을 하는 화실을 차리기로 마음먹었다. 이왕이면 인테리어에 도움이 되는 그림을 그려서 화실을 찾는 사람들이 자신의 집을 예쁘게 꾸밀 수 있게 도와주고 싶었다.

화실은 910호와 같은 건물에 차렸다. 출퇴근 교통비를 아껴 월세에 조금이라도 더 보태고 싶었기 때문이다. 두 평 정도 더 넓은 오피스텔이었는데 'ㄱ'자 모양으로 전면 창이 있는 공간이었다.

스튜디오를 정리하고 내가 쓸 수 있는 돈은 200만 원뿐!

그 남자의 화실

◆
바꿀 수 있는 것
바꿀 수 없는 것

작업실은 910호와는 다르게 내가 바꿀 수 있는 것이 별로 많지 않았다. 사실 자기 소유의 건물이 아닌 이상 대부분의 집들이 다 그럴 것이다. 이곳은 집주인이 신혼을 보낸 곳이라 직접 손본 곳이 많았다. 옷장은 가죽 패치워크가 되어 있었고, 무늬목 패널이 곳곳에 붙어 있었다. 강렬한 레드 브라운 계열의 가죽 패치와 무늬목 패널만큼은 꼭 바꾸고 싶었지만 안타깝게도 집주인이 그 부분만큼은 절대 손대지 말아달라고 신신 당부를 했다. 집주인이 꾸며놓은 인테리어 느낌이 너무 강해서 벽에 페인트를 칠하는 것은 필수였다.

집 분위기를 확 바꾸고 싶을 때 주인을 설득하는 팁이 몇 가지 있다.

첫째, 어떤 시공을 하는지 왜 해야 하는지 정확한 이유가 있어야 한다.

둘째, 시공 후 애프터 이미지 예시를 보여줘야 한다.

셋째, 위의 두 가지 방법이 안 통하면 계약 만기 전 복구해 준다는 약속을 하고 진행하면 된다.

물론 복구 때 집을 손보지 않았을 때보다는 돈이 더 들기야 할 테다. 내 작업실의 경우 계약이 끝난 시점에 페인트를 칠한 부분만 원상 복구시켰기 때문에 도배 비용 23만 원밖에 들지 않았다. 화실로 1년 동안 사용했으니 나만의 스타일로 꾸민 예쁜 벽을 매달 2만원 정도 내고 렌탈한 셈 치면 된다. 일단 나는 세 가지 설득 방법을 다 사용했고 나름 내가 원하는 스타일로 꾸밀 수 있었다.

◆

톤 인 톤 인테리어

작업실 벽이 화이트여서 집주인이 해놓은 인테리어가 너무 잘 부각되었다. 그래서 나는 톤 인 톤 인테리어 방법을 사용했다. <u>톤 인 톤 인테리어란 비슷한 명도와 채도의 잘 어울리는 몇 가지 컬러를 배치해서 서로의 개성을 살려주는 인테리어 방법이다.</u> 집주인이 꾸며놓은 짙은 레드 계열의 가죽 패치워크와 강렬한 무늬의 목재 마감을 정리해주기 위해 브라운 계열과 잘 어울리는 짙은 그린 계열로 매치했다.

🧵 tip / 톤 인 톤 컬러 인테리어의 장점

① 채도가 높은 컬러의 톤 인 톤 매치는 화려하고 개성 있는 공간을 만들어준다.
② 부드러운 파스텔 계열의 톤 인 톤 매치는 화사하고 몽환적인 느낌을 연출할 때 좋다.
③ 어두운 계열의 톤 인 톤 매치는 중후하고 고급스러운 공간을 만들어준다.

그 남자의 화실

작업실의 메인이 될 컬러라서 직접 눈으로 확인하고 고르기 위해 동대문 현대시티 아울렛에 있는 '문고리닷컴' 오프라인 매장을 찾았다. 이곳은 서울 강북지역에서 가장 편하게 이용할 수 있는 인테리어 매장이다. 웬만한 모든 컬러 칩을 구비하고 있으며, 컬러 칩이 명함 크기로 준비되어 있고, 색을 고르면 그 자리에서 바로 조색해서 10분 만에 들고 갈 수 있다.

나는 친환경 페인트 던에드워드의 'Evergreen Forest'란 컬러를 사용했다. 이름부터 보태니컬 아트 화실에 너무 걸맞은 색이라는 생각이 들었다. 페인트를 고를 때는 컬러뿐 아니라 광택도 신경 써야 하는데 아래 나열한 순서대로 광이 강하다. 광택이 강할수록 청소는 용이하지만 자칫 촌스러워 보일 수 있으니 컬러 선택 시 주의해야 한다.

tip / 용도에 따른 페인트의 광택

컬러 칩은 무광으로 표시되어 있으며 실제로 칠해져 있는 매장의 샘플 보드를 보고 색상과 광택의 유무를 직접 확인하자. 다음은 광택의 종류와 광택에 따른 권장 용도이다.

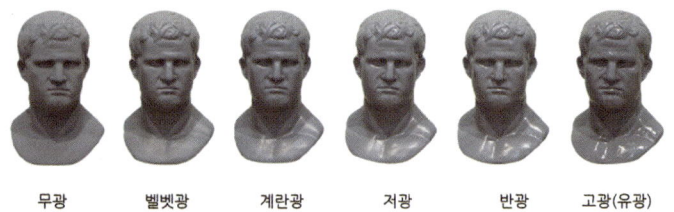

무광   벨벳광   계란광   저광   반광   고광(유광)

광도별 권장 용도

	무광	벨벳광	계란광	저광	반광	고광
천장	✓	✓				
합지/실크벽지	✓	✓	✓			
베란다				✓	✓	
주방/욕실				✓	✓	✓
문/창문/몰딩					✓	✓
가구					✓	✓

그 남자의 화실

페인트는 벽과 천장용, 가구용, 야외용 등 사용할 공간에 따라 종류가 다양하게 나뉜다. 구매 전에 직원에게 꼭 물어보고 용도에 맞는 페인트를 사야 한다. 화실 작업에는 무광·실내·벽용 페인트를 사용했다.

컬러칩

페인트칠의 시작과 끝은 마스킹 작업이다. 페인트를 구입할 때 함께 사면 되는데, 비닐이 달려 있는 마스킹테이프를 이용해서 깔끔하게 칠할 수 있다. 사실 마스킹테이프를 일일이 붙이는 작업은 굉장히 귀찮은 일이다. 하지만 이 과정을 소홀히 하면 나중에 일이 커지게 되니 귀찮더라도 꼼꼼하게 신경 써서 마스킹해주는 것이 좋다.

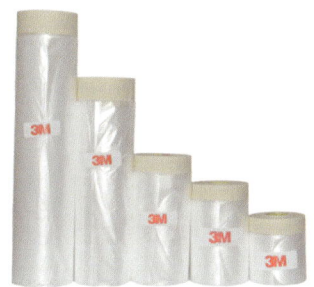

비닐 달린 마스킹테이프

1회 칠한 경우

2회 칠한 경우

3회 칠한 경우

페인트칠은 브랜드와 컬러에 따라 다소 차이가 있지만 보통 2~3회 정도 칠하면 된다. 단, 페인트는 절대 처음부터 덕지덕지 많이 바르면 안 된다. 얇게 여러 번 칠해야 깔끔하게 마감된다.

작업실 벽을 칠하면서 서랍장 하나를 같이 칠했다. 모양과 디자인이 마음에 쏙 드는 서랍장을 발견했는데 내가 원하는 컬러는 품절이었고, 언제 입고될지 모르는 상황이었다. 그래서 벽을 칠하고 남은 던에드워드의 가구용 'Evergreen Forest' 무광 페인트를 칠해서 컬러를 바꿔 주었다. 페인트는 이름이 같더라도 가구용과 벽면용에 따라 컬러가 조금 차이가 나는데 가구용은 무광이더라도 청소가 용이하도록 조금 더 코팅된 느낌이고 컬러도 조금 더 밝다.

그리고 가구를 페인트로 칠하기 전에는 반드시 사포질을 해서 기존의 코팅된 면을 거칠게 만들어 주거나, 젯소를 칠해서 기존의 색을 덮어 주어야 한다. 하지만 나는 위 두 가지 작업 모두 생략했다. 그래서 살짝 스치기만 해도 페인트가 벗겨지는 대참사가 일어났다. 알고도 하지 않은 귀차니즘에 대한 벌이었다.

물론 나처럼 새 가구를 사서 이렇게 칠하는 것은 아주 비효율적인 짓이다. 기존에 사용하던 낡은 가구를 새것처럼 리폼하고 싶은 사람에게 추천하는 방법이다.

그 남자의 화실

나에게 딱 맞는 가구 만들기

수납장 제작하기

작업실 2층은 창고로 사용했다. 수업을 하다 보니 아무래도 이런저런 물건들이 많아졌고, 아래층에서 수업을 하다 보면 정리가 안 된 물건들이 슬쩍슬쩍 보였다. 그 물건들을 깔끔하게 가려줄 낮고 가로로 긴 수납장을 들이고 싶었는데 기성품은 딱 맞는 사이즈가 없었다. 그래서 을지로4가에 있는 목공소에 방문해서 주문 제작을 했다. 을지로4가역 7번 출구 쪽에 있는 '개나리벽지' 뒷골목에 솜씨 좋은 목공소 몇 곳이 모여 있다. 물론 집 근처에 목공소가 있다면 그곳으로 가는 게 제일 효율적이다.

결계가 쳐져 있는 것처럼 을지로의 가게들은 선뜻 들어갈 용기가 잘 나지 않는다. 일단 문 앞에서 서성거리면 사장님이 나와서 무슨 일로 찾아왔냐고 물어볼 것이다. 그때 쭈뼛쭈뼛 방문 목적을 말하면 알아서 잘 도와주신다. 동대문 시장에 도매 물건을 받으러 온 양 괜히 블로그나 카페에서 본 용어 등을 동원하여 아는 척 했다간 이상한 나무를 더 이상한 가격으로 사오기 십상이다. 짐짓 아는 척 말고 만들고 싶은 것만 솔직하게 말하면 적

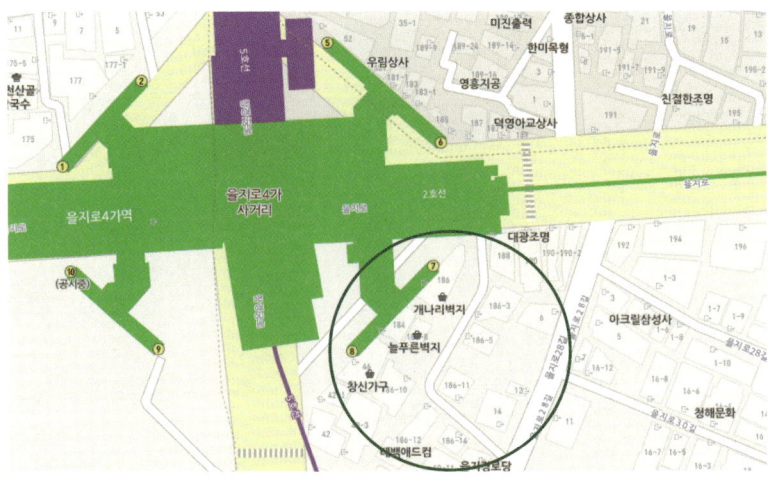

을지로4가 7번 출구 개나리벽지 뒷골목에 솜씨 좋은 목공소들이 모여 있다.

당한 가격의 나무를 예산에 맞게 효율적으로 추천해 줄 것이다. 솔직한 것이 제일 좋다. 보통 공방 사장님께 원하는 사이즈와 기본 형태 정도만 알려주면 나머지는 알아서 해주신다.

나는 작업실에 들일 수납장을 삼나무로 만들었다. 삼나무는 편백나무처럼 향이 강하고 피톤치드가 나오는 목재다. 가격이 저렴하며 특유의 부드러운 무늬는 가구를 만들었을 때 더욱 빛을 발한다. 다른 목재에 비해 수분에 강한 편이라 주방 및 욕실 선반 등 습한 공간에 사용하기 좋다. 유연한 소재여서 가구 내장용(서랍 등)으로도 많이 사용된다. 수납장 두 개를 맞추는 데 든 비용은 18만 원이다.

20만 원도 안 되는 돈으로 이렇게 공간에 딱 맞는 멋진 수납장이 탄생했다. 삼나무 본연의 색을 조금 더 진하게 만들고 싶어서 데니쉬오일 다크브라운 컬러를 1회 도색했다. 오일을 발라주면 가구의 수명이 길어지고 생활 오염에 강해진다. 내가 서랍장에 오일을 바른 가장 큰 이유는 고급스러운 빈티지 느낌을 연출하기 위해서다. 오일이 아닌 수성 스테인을 사용해도 된다. 오일은 마르는 데 시간이 일주일 정도 소요되고 냄새도 강하므로 집에 들일 가구는 가능한 수성 스테인을 사용할 것을 추천한다. 물론 오일보다는 컬러감이 약하다.

그 남자의 화실

tip / 데니쉬오일

데니쉬오일은 순수 천연 오일로 온라인몰에서 손쉽게 구매 가능하다. 투명한 것부터 다크브라운까지 다양한 컬러가 있는데 도포 시 나무의 자연스러운 결을 더욱 살려주고 물 또는 오염에 강하게 만들어준다.

단점이 있다면 마르는 시간이 오래 걸리기 때문에(최소 72시간 건조) 단순히 색을 입히기 위해서라거나 간단한 작업을 원할 때는 수성 스테인을 사용할 것을 추천한다. 단, 수성 스테인은 오일보다는 깊이감이 덜하고 오염 방지 효과가 거의 없다.

| 내추럴 (Natural) | 라이트 월넛 (Light Walnut) | 골든오크 (Golden Walnut) | 미디엄 월넛 (Medium Walnut) | 다크 월넛 (Dark Walnut) | 체리 (Cherry) | 후르츠우드 (Fruitwood) | 레드 마호가니(Red Mahogany) |

현재는 작업실을 더 큰 곳으로 옮겨서 이때 맞춘 길다란 서랍장을 마땅히 놓을 곳이 없어졌다. 그래서 새로 이사 간 집에서 홈카페 벤치 겸 수납장으로 잘 사용하고 있다. 원목가구는 늘 옳다.

테이블 제작하기

작업실에는 10명 정도 앉을 수 있는 큼직한 테이블이 필요했다. 하지만 기성제품은 너무 비싸기도 했고, 내가 원하는 사이즈도 없었다. 그래서 직접 만들어보기로 했다. 언젠가 TV 프로그램에서 용산소방서 근처에 나무를 저렴하게 파는 곳이 있다는 걸 봤던 기억이 났다. 찾아봤더니 건축자재를 저렴하게 파는 '마감자재'라는 상호를 가진 곳이었다. 그곳에서 아

그 남자의 화실

카시아 집성목 원판 두 개를 개당 6만 원에 저렴하게 구입할 수 있었다. 무지하면 몸이 고생한다고 했던가. 마감 자재 가격이 저렴한 대신 별도로 재단을 해주지 않았다. 그래도 저렴하니까 작업실에 가져와서 직접 잘라서 사용하면 되겠다 생각했는데 웬걸. 주문한 나무를 용달로 받고 나서 작업실로 옮기려고 하니 나무판이 엘리베이터에 들어가지 않았다. 건물 입구에서 13층까지 계단으로 들고 올라가야 하나 한참을 고민하다가 멀티탭과 직소(Jigsaw)를 들고 나와 건물 앞 인도에서 재단을 했다. 지나가는 사람마다 죄다 뭐하는 사람인가 이상한 시선으로 쳐다봤고 전기를 훔쳐 쓰느라 마음도 급했다. 톱밥은 또 어찌나 날리던지 모든 절단 작업이 끝난 후에 빗자루로 쓸고 또 쓸었다.

참고_ 직소
나무를 직선이나 곡선으로 자를 때 사용하는 전기톱.

tip / 나무의 종류

보통 우리가 사용하는 나무 가구는 1200㎜×2400㎜ 사이즈의 나무 원판을 가공하여 만든다. 나무 원판은 원목, 집성목, 합판, MDF 등이 있다.

① **원목** : 말 그대로 통나무를 잘라 만든 나무판이다. 고급스럽고 자연스러운 무늬가 특징이지만 휘어짐이나 갈라짐 현상이 발생할 수 있다.

② **집성목** : 나무를 일정한 크기로 조각내어 접착제로 붙여서 만든 나무판이다. 가공이 용이하고 원목에 비해 가격이 저렴하며 휘어짐과 갈라짐 현상이 적다.

③ **합판** : 원목을 얇게 깎은 나무를 결이 서로 반대가 되도록 여러 장 붙여서 만든 나무이다. 무게에 비해 강도가 높다.

④ **MDF** : 톱밥과 접착제를 섞어서 압착하여 만든 나무판으로 가공이 용이하지만 물에 약하고 나무 특유의 무늬가 없다.

그로부터 몇 달 뒤, 수강생이 많아져서 더 큰 테이블이 필요하게 되었다. 그때는 작업실 근처에 있는 목공소에서 2배 정도 더 가격을 주고 재단해서 받았는데 그토록 편하고 행복할 수가 없었다.

무튼 힘들게 재단을 끝낸 나무를 작업실로 들고 올라와 미리 주문해 받아 놓은 철제 다리에 간단히 나사로 고정시키기만 했다. 테이블 다리는 전화로 사이즈만 말하면 택배로 배송해준다. 사이즈별로 가격이 다른데 작업실 테이블은 1400mm×1200mm 크기로 대략 8만 원 정도 들었다.

상판을 나사로 고정시킨 후 데니쉬오일을 2회 발라주었다. 오일 마감 후 바니쉬도 2회 발라 주었는데 바니쉬를 칠하면 코팅이 되기 때문에 물이나 오염에 강해진다.

그 남자의 화실

나무와 철제 다리 마감재 등의 비용은 대략 22만 원 정도 들었는데 8인용 원목 상판 테이블 치고 나쁘지 않았다. 그리고 원판을 재단하고 남은 나무로 거울 선반과 주방 선반도 만들었으니 꽤 훌륭한 선택이었다.

🔖 tip / 철제 다리 주문 방법

네이버쇼핑에서 '철제 다리 주문제작'을 검색하면 여러 모양의 테이블이 나온다. 원하는 모양과 비슷한 제품을 클릭한 후 상세 페이지에 나와 있는 번호로 전화를 걸어 원하는 사이즈를 말하면 택배로 제품을 받을 수 있다. 원목 상판 주문은 집에서 가장 가까운 목공소에서 하는 것이 제일 좋다. 테이블 다리 사이즈와 색상을 정해서 알려주면 업체에서 알아서 나사 구멍을 만들어서 보내준다(택배 발송 가능).

선반 만들기

테이블을 만든 후에도 나무가 조금 남아서 같은 크기로 잘라서 테이블 옆의 벽에 걸 선반을 하나 만들었다. 여분의 나무가 없거나 나에게 딱 맞는 사이즈의 선반을 만들고 싶을 때는 '문고리닷컴(www.moongori.com)'의 재단 서비스를 이용하면 편하다. 저렴한 가격으로 필요한 만큼만 사서 원하는 사이즈로 만들 수 있기 때문이다.

'문고리닷컴'의 재단 서비스를 클릭하면 다양한 종류와 두께의 나무가 나온다. 선반으로 사용할 경우 18~24T(18~24mm) 정도의 두께가 적당하다. 일반적으로 선반은 그리 크지 않기 때문에 나무의 단단함이나 종류를 따지기보다는 마음에 드는 무늬의 원목을 고르면 될 것 같다.

나무를 주문했다면 선반을 벽에 튼튼하게 지지해줄 다리가 필요하다. 선반 다리는 대부분 'ㄱ'자 모양으로 벽에 나사를 이용해 고정시킨 후 위에 나무 상판을 올리는 구조다. 디자인과 소재가 굉장히 다양하므로 각자 마음에 드는 것을 고르면 될 것 같다. 중요한 것은 선반이 달릴 벽과 비슷한 컬러를 고르는 것이다.

참고 _ 벽 종류에 따른 나사 박는 방법 : 31쪽

그 남자의 화실

interior consulting

◆

집에 딱 맞는 커튼
저렴하게 제작하기

두 번째로 옮긴 작업실은 복층 구조라 커튼 맞추기가 쉽지 않았다. 기성품은 일단 사이즈에 맞는 커튼 자체가 없었고 높이가 길어지는 만큼 비용도 비싸지기 때문에 부담스러웠다. 작업실에는 다행히 기본 암막 롤 블라인드가 설치되어 있었기 때문에 간단하게 시폰 커튼으로 공간을 부드럽게 만들어 주었다. 보통 속커튼으로 사용하는 시폰 소재의 커튼은 가볍고 비침이 있기 때문에 공간을 답답하게 만들지 않으면서 분위기를 차분하게 정리해준다. 커튼 중 저렴한 편에 속하는 원단이기도 하다.

참고 _ 원단의 종류 : 206쪽

넓은 창이 장점인 공간에 어두운 커튼을 달아 공간이 답답해 보인다.

그 남자의 화실

원하는 사이즈나 원단이 없을 때는 직접 제작할 수밖에 없는데 가장 저렴한 방법은 동대문종합시장을 이용하는 것이다. 동대문종합시장 2층에는 수많은 커튼집이 모여 있는데 그곳에서 직접 샘플 제품을 보고 주문 제작할 수 있다. 더 저렴한 방법은 동대문종합상가 지하 1층으로 내려가서 맞추는 것이다. 그곳에 가면 재봉틀 한 대를 놓고 엄청난 천 무더기에 빙 둘러싸여 있는 여자 사장님들을 많이 볼 수 있다. 인상이 좋아 보이는 분에게 가서 부탁하면 원단 샘플 북을 보여주실 거다. 그중 마음에 드는 원단을 골라서 사이즈만 말하면 바로 제작에 들어간다.

동대문종합상가 지하 1층

사진에 보이는 '신우사'라는 곳이 내가 생애 처음으로 커튼을 맞춘 곳인데 처음이라 잘 모른다고 하니 원단이나 주름에 대해 친절하게 설명해주시며 링과 핀의 차이까지 세세한 디테일을 잘 알려주셨다. 지금은 단골이 되었는데 전화로 사이즈만 말씀드려도 바로 찰떡같이 제작을 해주신다.

두 번째 작업실의 창에 걸 커튼은 시폰 원단에 나비 주름을 잡아서 제작했는데 나비 주름은 일반 커튼보다 원단이 1.5배 정도 더 든다. 주름을 미리 잡아서 재봉하기 때문에 커튼을 다 쳐도 주름이 예쁘게 보이는 장점이 있다. 이번 작업실의 경우 높이가 3미터가 훌쩍 넘고 총 가로 길이가 8미터 정도였는데 대략 12만 원 정도 들었다.

참고_ 일반 주름과 나비 주름
커튼 주름은 크게 두 가지인데 일반 주름과 나비 주름이다. 일반 주름은 펼쳤을 때 주름 없이 한 장의 천으로 쫙 펼쳐진다. 나비 주름은 커튼을 다 펼쳤을 때에도 굴곡(주름)이 생기도록 미리 주름을 만들어 제작한 것이다. 일반 커튼보다 원단이 1.5배 정도 많이 들어가기 때문에 가격이 더 비싸다.

일반 주름

나비 주름

그 남자의 화실

◆
나뭇가지로
빈티지 조명 만들기

재료 : 신주 소켓 세트, 에디슨전구,
나뭇가지, 전기테이프
비용 : 18만 원대

낮에는 가구와 소품이, 밤에는 조명이 인테리어를 다한다 해도 과언이 아니다. 작업실이 빈티지한 느낌이라 그에 맞는 빈티지한 조명을 두고 싶었는데 마음에 든다 싶은 조명은 감당이 안 되는 가격이었다. 그래서 직접 만들기로 했다. 생각보다 아주 간단하게 만들 수 있다. 친구에게 받은 뽕나무 가지를 잘라서 완제품으로 나온 소켓을 감아 전선 작업만 해주었다.

소켓은 전구를 돌려서 꽂을 수 있게 만든 전구와 전선의 연결 구조다. 플라스틱, 도자기, 신주 등의 소재에 따라 굉장히 다양한 느낌으로 연출할 수 있다는 장점이 있다. '문고리닷컴'에서 개당 2만 원에 전선이 연결된 완제품을 구입할 수 있으며 필요한 만큼 구입한 후 전선을 직렬 또는 병렬로 연결해 주기만 하면 된다. 내가 구입한 제품은 '신주 소켓'이다.

절대로 동네의 가로수 가지를 자르지 말자. 뒷산에 가면 부러진 나뭇가지가 지천이다. 아니면 강남고속터미널 3층의 꽃 시장 또는 남대문 꽃 시장에 가서 나뭇가지를 구입하면 된다. 1301호처럼 복잡한 모양이 아니라 단순하게 일자로 쭉 뻗은 나뭇가지만으로도 충분히 멋스럽게 연출할 수 있다.

나뭇가지로 조명 만들기

① 마음에 드는 나뭇가지를 고른다.
② 적당한 간격을 두고 조명을 가지에 두 바퀴 정도 감아준다.
③ 소켓에 연결된 전선들을 한데 모아 피복을 벗긴 같은 색의 전선들을 절연테이프로 감아준다.
④ 천장에 달려 있는 전선 두 가닥을 소켓에 마감해 놓은 전선과 각각 연결하여 절연테이프로 감아준다. 브라켓을 달아서 마감한다.

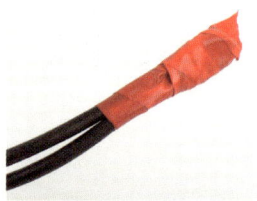

참고 _ 브라켓은 천장과 조명 사이의 지저분한 전선을 가려주면서 천장에 조명을 고정시키는 역할을 한다. 전등을 설치할 때는 꼭 차단기를 내리고 작업하자.

그 남자의 화실

이렇게 직접 만든 조명이나 소품, 가구는 특별히 더 애정이 담겨 있기 때문에 이사를 해도 계속 함께하는 경우가 많다. 나는 지금 이 조명을 새 작업실의 포인트 조명으로 사용하고 있다.

interior consulting

고양이를 위한 다락방

사실 내 모든 노동의 가장 큰 수혜자는 민영이다. 스튜디오 지하 창고에서 살 때 두 살이 조금 넘은 민영이를 입양했는데 3개월쯤 지나서 발바닥에 곰팡이성 피부병이 걸렸다. 지내는 환경이 좋지 않다 보니 아파도 말 못하는 고양이에게 너무 미안했다.

나이 : 발견 당시 두 살 추정
성별 : 여
종 : 러시안블루
예산 : 약 9만 원

🏠 #잠을 많이 자는 #털 뿜뿜 #높은 곳 좋음 #폭신폭신 #네 침대는 내 침대

그 남자의 화실

유기묘로 힘들게 살다가 나를 만났으니 조금이라도 행복하게 해주고 싶었다. 워낙 사람을 좋아하고 사교성이 좋은 고양이라 큰 문제는 없었지만 수업이 시작되면 항상 위층으로 올라가 구석에서 잠을 자곤 했다. 아래층에서 잘 안 보이는 구조인 데다가 정리도 안 하고 물건만 잔뜩 쌓아 둔 창고에서 쉬는 것이 마음에 걸렸다. 그래서 큰마음 먹고 민영이가 자신의 아지트에서 편히 쉴 수 있도록 꾸며 보기로 했다.

interior consulting

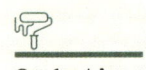
Solution
① 기존의 물건들을 사용
② 비용은 최소화
③ 다락방 같은 느낌

민영이 다락방은 기존에 있던 물건들을 조합해서 만들었다. 일단 집주인이 복층에 두고 간 매트리스에 커버를 씌우고 홈쇼핑에서 저렴한 침구를 구매했다. 침구는 공간에서 가장 큰 면적을 차지하기 때문에 침구가 차분하면 주변의 물건들이 조금 어수선해도 어느 정도 정리가 돼 보인다. 컬러는 아래층 벽과 비슷한 어둡고 채도가 낮은 그린 계열을 선택해서 다양한 물건들이 있어도 전체적으로 차분해 보이도록 만들었다.

침실을 꾸밀 때 아주 쉬운 팁이 하나 있는데 침대 헤드 양쪽에 대칭으로 수납장이나 선반, 상자 등을 두면 공간이 전체적으로 정돈되어 보인다. 침대 머리맡에 조명도 둘 수 있고 핸드폰 등 자잘한 것들을 수납할 수 있어서 실용적이기도 하다. 컬러만 맞는다면 무엇이든 괜찮을 것 같다. 침대 양옆에는 1층에서 쓰던 수납 박스를 두었다. 그리고 침구와 잘 어울리도록 진한 갈색 헤드쿠션을 두고 포인트 컬러로 노란색 베개를 두었다.

애플박스 위에는 화분과 조명, 어두운 초록색 바탕의 그림, 유칼립투스 드라이플라워도 두었다. 소재와 형태가 모두 다르지만 통일감 있게 어울리는 컬러라 자연스럽게 연출할 수 있다.

그리고 민영이를 위해 직접 만든 고양이 스크래처를 배치했다. 스크래처의 재료는 이케아 스텝퍼와 황마끈인데, 우연히 생긴 쓸모없는 물건에 황마끈을 감아 글루건으로 붙여 고정해주니 쓰임이 좋은 그럴싸한 물건이 되었다.

혹시 마음에 안 들지만 버리기엔 조금 아까운 가구가 있다면 이렇게 황마끈으로 감아서 스크래처로 만들어 활용해도 괜찮을 것 같다. 그리고 예전 스튜디오 창고 집에서 쓰던 이케아 TV장은 버리기 아까워 창고에 수납장 대용으로 두고 보기 싫은 물건들을 다 넣어 두었다. 그 위에는 인조 박쥐난을 두고 민영이가 좋아하는 양털 러그를 깔아주었다. 침구와 쿠션만 새로 구입하여 약 9만 원 정도 들었고 나머지는 모두 기존에 가지고 있던 소품과 가구를 활용했다.

인테리어를 위해 모든 것을 새로 사야 할 필요는 없다. 단점을 가려주고 컬러만 통일감 있게 잘 맞춰주면 공간은 얼마든지 새로워질 수 있다.

그 남자의 화실

interior consulting

2019년 820호의 어느 날

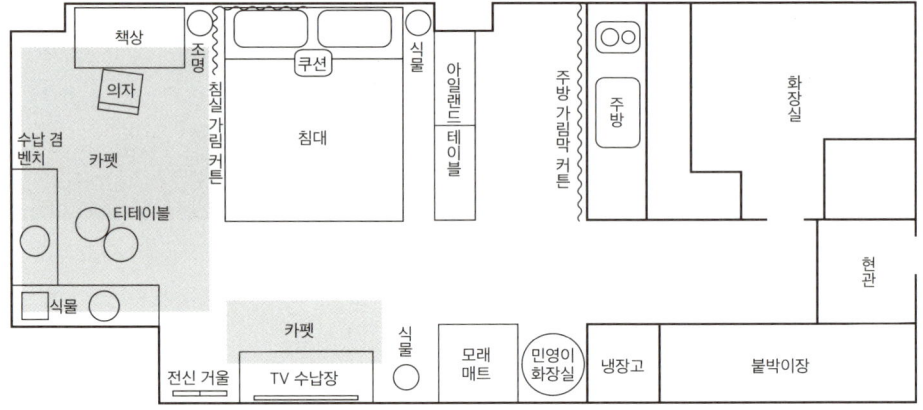

실평수 : 12평
주거 형태 : 원룸 오피스텔
인테리어 비용 : 약 150만 원

2019년 820호의 어느 날

interior consulting

종종 아침에 자고 일어나면 낯선 기분에 휩싸이곤 한다. 내 집이 내 눈에 너무 예뻐서, 지금이 너무 좋아서. 얼마 전까지만 해도 지하 창고에서 살던 내가 지금은 이렇게 나를 담은 집에 살고 있다.

생각지 못하게 이사를 할 때마다 항상 무리한 계획 하에 움직이는 일이 발생한다. 2018년 5월에는 3박 4일, 4박 5일로 일주일 동안 일본 도쿄에서 태국 방콕으로의 여행 일정이 잡혀 있었다. 한 해 동안 열심히 일한 나에게 주는 상이었는데 어쩌다 보니 5월에 새로운 작업실로 이사를 하게 되었고 여행에서 돌아오는 날, 살던 집도 같이 이사를 했다. 처음에는 새로운 작업실 인테리어와 새집 인테리어를 어찌 해야 하나 머리가 복잡했지만, 이왕 이렇게 된 거 마음 편히 즐기며 꾸며보기로 했다.

많은 사람들이 집을 꾸미고는 싶은데 재주가 없어서 어떻게 해야 하느냐고 물어오곤 한다. 우선 집을 꾸미기 전에 꼭 생각해 봐야 하는 것이 있다. <u>누구를 위한 집인지, 내가 어떤 것을 좋아하는지다. 즉, 집의 콘셉트를 정하는 일이다.</u> 거창한 것이 아니어도 좋다. 내가 좋아하는 옷이 될 수도 있고, 즐거웠던 여행지나 자신만의 인생 영화 등 무엇이든 좋다. 하지만 북유럽 스타일 혹은 모던 등 이런 단어는 아니다. 거기에는 나만의 이야기가 없기 때문이다.

나는 초록초록한 창밖 풍경 하나만 보고 820호를 계약했다. 하지만 지금은 나의 이야기가 가득한 공간이 되었다.

820호는 과거의 나 말고 현재의 나에게 어울리는 집이었으면 했다. 그래서 일부러 전에 살던 집에서 식기와 몇 가지 가전제품 말고는 아무것도 가져오지 않았다. 사실 이사라고 할 만큼의 물건이 없기도 했다.

2019년 820호의 어느 날

interior consulting

◆

콘셉트 정하기

여행에서 돌아오자마자 이사한 집이었기 때문에 교토와 방콕 여행에서 즐거웠던 추억을 담으면 어떨까 생각했다. 그러면 최소 1년 정도는 즐거웠던 여행의 추억 속에서 살 수 있을 것 같았다.

일주일간의 휴가 중 첫 여행지는 교토의 기타노하쿠바이초역 근처의 조그마한 마을이었다. 교토에서의 숙소는 요코라는 호스트의 집이었는데 작지만 일본 특유의 간소함이 돋보였다. 따뜻한 나무색이 주를 이루고 꾸밈 많은 장식은 거의 없이 모든 물건들이 정갈하게 잘 정리되어 있었다.

2019년 820호의 어느 날

최근에 본 집 중 가장 인상 깊은 인테리어였는데 정갈하다는 말이 딱 어울리는 그런 곳이었다. 종종 개인적으로 조금 이해가 되지 않는 인테리어가 유행하기도 하는데 가령 테이블 위에 온갖 예쁜 빈티지와 소품을 잔뜩 올려놓고서 막상 테이블은 쓸 수 없게 만드는 것이다. 실제 용도가 무용지물이 될 정도로 물건들을 과하게 장식하는 경우가 많은 것 같다. 요코의 집은 딱 필요한 최소의 물건만으로 공간을 구성하고 가릴 건 가리며 과하지 않은 정도의 포인트 소품만 둔 것이 너무 보기 좋았다. 짐이 별로 없는 집에 살았던 나로서는 굉장히 편안한 곳이었다.

교토에 머물면서 하루에 한 번은 꼭 들렀던 곳이 있다. 동네의 조그마한 빈티지 가게였다. 여행자 특유의 여유로운 기분 탓일지도 모르겠지만 일

본의 빈티지 소품은 상대적으로 저렴하게 느껴진다. 나무 소뿔 장식이 3,300엔(약 34,000원)이고 마크라메가 2,800엔(약 28,000원) 정도니 실제로 이태원 가구거리에 있는 빈티지 숍들보다 훨씬 저렴했다.

사람들은 보통 여행지에서 옷이나 기념품을 많이 사는데 나는 패브릭이나 인테리어 소품을 주로 산다. 그 이유는 한동안 집이 여행의 추억으로 채워질 수 있기 때문이다. 물론 들고 올 때는 무겁고 예상치 못한 일 때문에 힘들어지기도 하지만…. 나무 소뿔 장식은 크고 뾰족해서 공항에서 몇 번이나 검사를 받았다.

간판은 없지만 인상 깊었던 교토의 빈티지 숍

2019년 820호의 어느 날

열대 식물이 많은 태국에서는 식물을 실내 공간에 어떻게 인테리어했는지를 눈여겨 본다. 식물을 집에 두면 어쩔 수 없이 주기적으로 물을 주고 다듬어줘야 하기 때문에 적어도 일주일에 한 번은 집을 둘러보게 된다. 이때마다 너무 익숙해져서 잠시 잊고 있었던 집의 소중함을 새삼 느끼게 된다.

일주일간의 여행에서 돌아오자마자 바로 캐리어를 끌고 작업실에서 수업을 끝낸 후 이사한 집으로 짐을 풀러 갔다. 그때도 절실히 느꼈지만 이사만큼은 절대로 급하게 하면 안 된다. 또 마음만 급해 서둘러 이사하는 바람에 침대도 아무것도 없는 집에서 방콕에서 사온(지금은 옷장 구석에 있지만) 카펫과 함께 며칠을 보냈다.

이번 집의 인테리어 주인공은 일본 여행에서 정해졌다. 바로 교토의 빈티지 숍에서 산 쿠션이었다. 화려한 컬러와 빈티지한 패턴이 특징인데 일본에서 샀지만 묘하게 방콕에서 산 것 같은 느낌이 났다. 그 쿠션만 보면 기분이 좋아졌다. 바쁜 하루를 끝내고 집으로 돌아오면 행복했던 여행의 추억이 나를 반겨주는 것 같았다.

그래서 쿠션의 민트색과 진한 나무색 그리고 식물을 두 번째 집의 콘셉트로 잡았다. 더불어 교토에서 머물렀던 요코의 집에서 느꼈던 정갈한 느낌도 함께 있었으면 했다. 쿠션이 인테리어 콘셉트라고 하면 좀 웃길지도 모르겠다. 하지만 나에겐 가장 특별한 그리고 최고의 인테리어 콘셉트다.

2019년 820호의 어느 날

◆

핀터레스트를 활용해
공간에 딱 맞는 컬러 정하기

개인적으로 인테리어에서 가장 중요한 것은 컬러라고 생각한다. 디자인과 스타일, 소재가 달라도 컬러가 조화로우면 전체적으로 통일감 있게 잘 어우러진다. 그렇다고 모든 가구와 소품을 같은 색으로 맞추라는 말은 아니다. 컬러는 각자 어울리는 색들이 있다. 그린과 핑크, 퍼플과 블랙 등 자주 쓰는 조합의 색들 말이다. 하지만 우리는 전문가가 아니라 그런 것까지는 세세히 알 수 없지 않은가? 그럴 때 다음과 같은 방법으로 쉽게 컬러를 정할 수 있다.

1. 자신이 좋아하는 색을 하나 정한다. 보라색, 노란색, 빨간색 등 그 어떤 튀는 색이라도 상관없다.

2. 컴퓨터를 켜고 익스플로러를 실행한 다음 'www.pinterest.co.kr'을 입력해 사이트에 들어간다. (모바일 앱도 있다.)

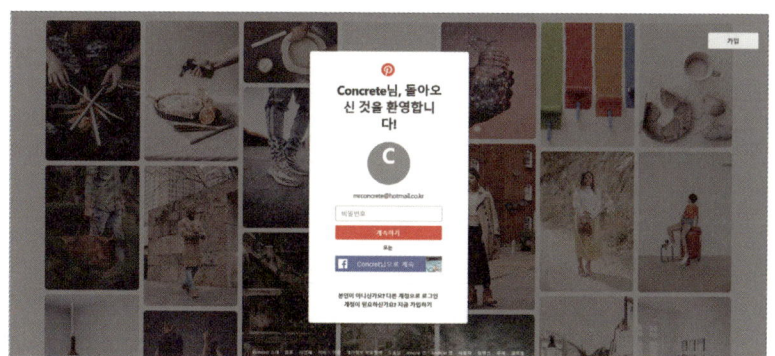

3. 검색 창에 자신이 제일 좋아하는 컬러를 입력한다. 이 책에서는 'Pink pallete'를 입력했다.

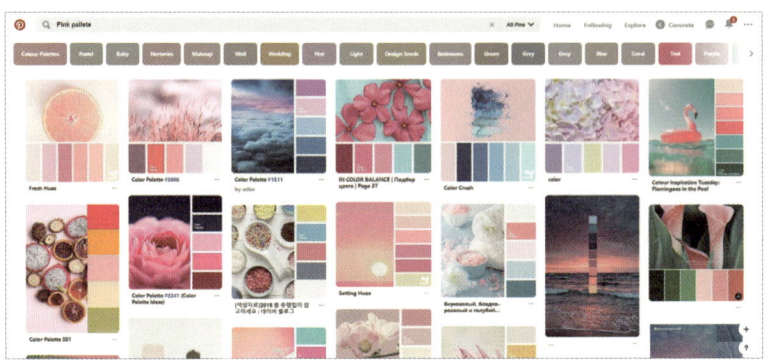

참고 _ 핀터레스트 사이트는 회원가입이 필요하다. 이 무궁무진한 정보들이 이메일 주소 하나만 있으면 무료이므로 꼭 회원가입할 것을 추천한다.

tip / 컬러 팔레트 정하기

왠지 핑크를 메인 컬러로 잡으면 온 집이 부담스럽게 핑크핑크하지 않을까 걱정될 수도 있지만 막상 팔레트 이미지를 검색해보면 핑크색이 포인트로 들어간 자연스러운 배색들이 많이 나온다. 이미 수많은 전문가들이 만들어 놓은 자료들이다. 핑크에도 아주 다양한 종류가 있기 때문에 천천히 둘러보면서 마음에 드는 팔레트를 고르면 된다. 내 눈에 예쁘면 그것으로 충분하다. 내가 살 집이니까.

컬러 팔레트 하나를 정했다면 그 팔레트 안에 있는 컬러들로 가구나 벽지, 페인트 컬러를 고른다. 컬러는 무수하기 때문에 똑같은 색을 찾기보다 비슷한 느낌의 컬러를 고른다.

다음은 아이스크림이 있는 이미지의 컬러 배색을 활용해서 꾸밀 수 있는 인테리어 예시이다. 메인 컬러를 핑크 팔레트로 정했는데 초록색이 너무 많이 보인다. 하지만 이 인테리

2019년 820호의 어느 날

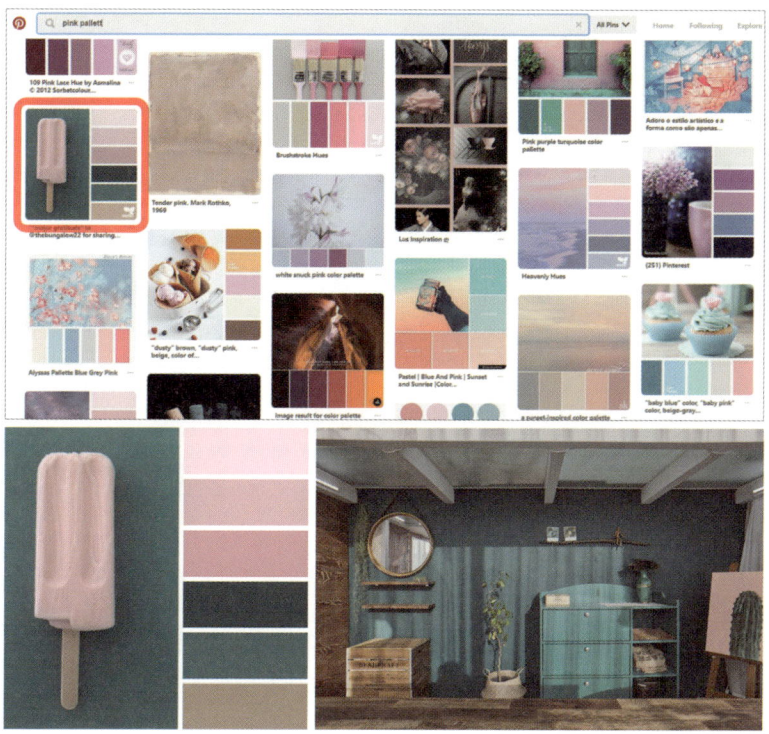

어에서 가장 돋보일 수 있는 컬러는 핑크색 배경의 선인장 그림이다. 사진은 빛 때문에 좀 약해 보이지만 실제 모습은 핑크색 캔버스가 단연 돋보였다. 이처럼 컬러를 과감하게 쓰는 것도 좋은 방법이다.

우리나라 사람들은 보통 흰색, 회색, 베이지 등의 무난한 컬러들을 선호하는데 이 색깔들이 진리의 컬러들임은 틀림없다. 하지만 컬러 자체에 특징이 없기 때문에 다양한 컬러의 소품과 가구가 더해지면 오히려 지저분해 보일 수 있다. 과감한 컬러의 선택이 오히려 공간을 차분하면서 특색 있게 만들어주기도 하고 컬러가 다양한 가구와 소품을 전체적으로 감싸주어 정돈된 느낌을 주기도 한다.

과감한 컬러가 두렵거나 화이트나 아이보리, 그레이 등의 미색이 취향이라면 마찬가지로 원하는 컬러를 따옴표 안에 넣어서 검색해보자. 중요한 것은 조화이다. 화이트나 그레이, 아이보리도 얼마든지 풍부한 컬러로 연출할 수 있다.

interior consulting

색의 온도

흰색, 회색으로 조화롭게 인테리어를 했다고 생각했는데 막상 완성해놓고 보면 그리 예쁘지 않을 때도 있다. 그럴 때는 색의 온도가 문제일 때가 많은데 오른쪽의 두 이미지를 비교해 보면 알 수 있다. 쿨그레이, 웜그레이라는 단어처럼 푸른색이 조금 포함되면 차가운 느낌이 나고 붉은색이 포함되면 따듯한 느낌이 나는데 이 둘은 같은 그레이지만 서로 어울리지 않는다. 한 번 더 심사숙고해서 어울리는 온도를 선택하자.

◆

컬러 시뮬레이션으로
공간에 딱 맞는 컬러 정하기

굳이 벽 페인팅이 아니더라도 가구나 소품만으로도 충분히 메인 컬러를 연출할 수 있다. 침대나 커튼처럼 면적을 크게 차지하는 패브릭으로도 공간에 색을 입힐 수 있다. 기존의 벽이나 가구의 컬러가 원하는 컬러가 아닐 경우 시트지를 붙이거나 벽지 혹은 페인팅 등의 방법으로 리폼이 가능하다. 단, 벽이든 가구든 페인트를 칠할 경우엔 다음을 한 번 더 체크해보자.

컬러 시뮬레이션하는 방법 1

던에드워드라는 페인트 회사 홈페이지(www.dunnedwards.com)에 들어가면 '인스타 컬러(InstaColor)'라는 프로그램이 있는데 자사 페인트를 이

2019년 820호의 어느 날

용하여 공간별로 시뮬레이션을 해준다. 덕분에 직접 집에 칠해보지 않고도 바로바로 결과물을 알 수 있다. 거실, 주방, 침실, 욕실 등 다양한 공간이 준비되어 있어서 공간별로 컬러 배색을 테스트해보기 좋다. 아무리 상상력이 좋다고 해도 컬러는 직접 눈으로 보는 것이 가장 정확하다.

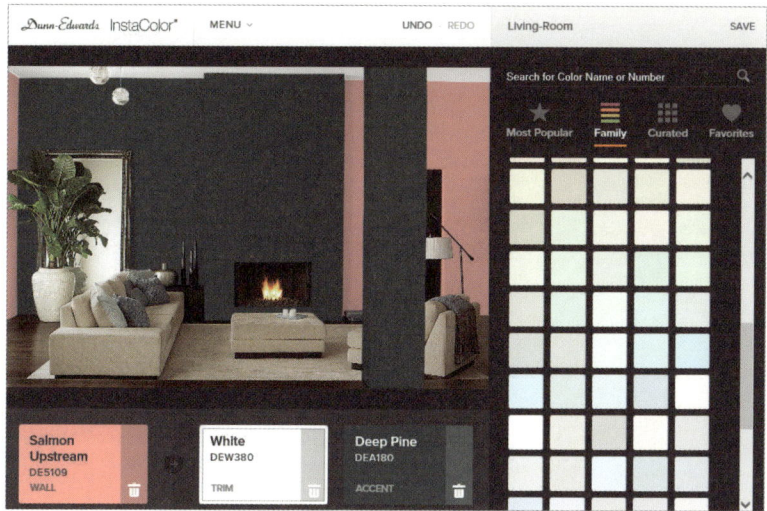

1. 던에드워드 홈페이지에 접속한 후 스크롤해 화면 아래로 이동한 다음, 'Dunn-Edwards InstaColor®'를 클릭한다.

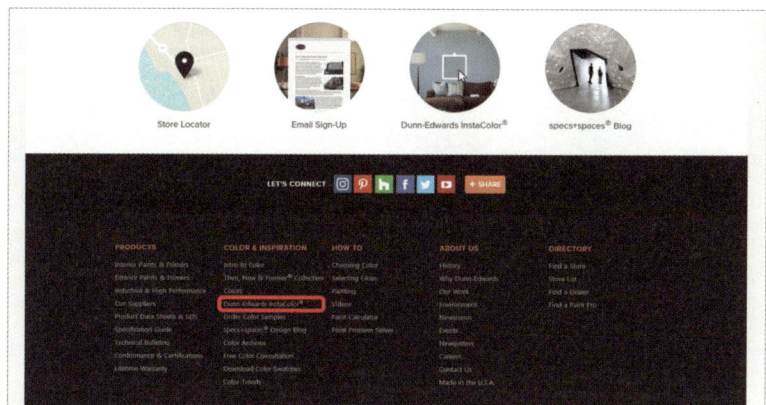

interior consulting

2. 오른쪽의 'Color Visualization Tool'을 클릭한다.

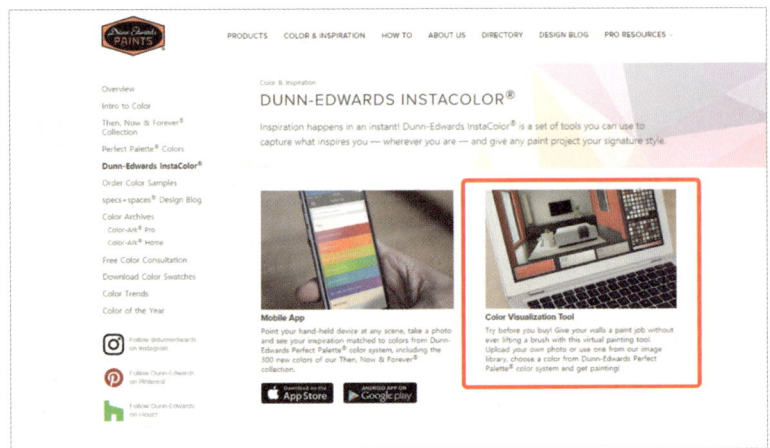

3. 회원가입 없이 진행 가능하다. 'CONTINUE WITHOUT LOGGING IN'
   을 클릭한다.

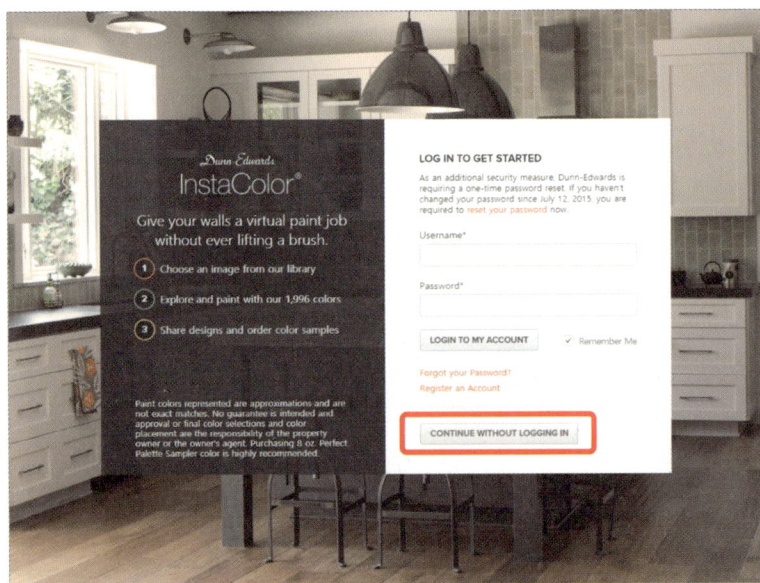

2019년 820호의 어느 날

4. 컬러링해보고 싶은 공간을 선택한 후 'CONTINUE'를 클릭한다. 여기서는 거실의 시뮬레이션을 위해 'Living Room'을 클릭했다.

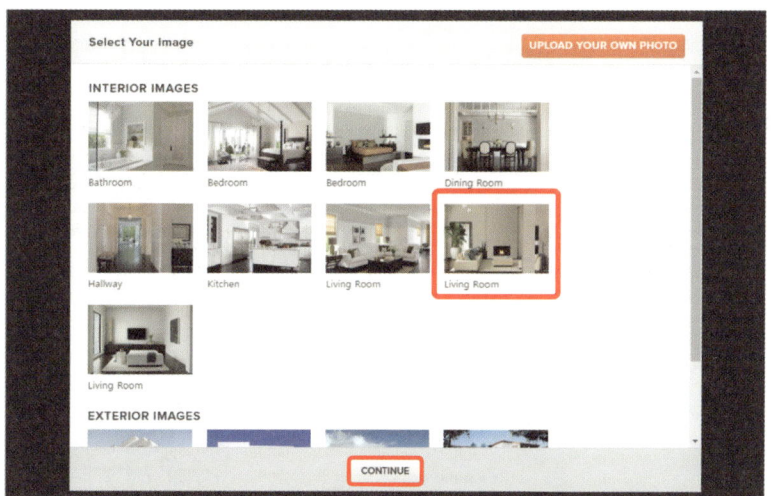

5. 'Living Room'을 선택하면 거실 이미지와 함께 오른쪽에 컬러 차트가 열린다. [Family] 섹션에서 'GREEN' 계열의 메인 컬러를 정하기 위해 'Lime Greens, Greens'을 클릭한다.

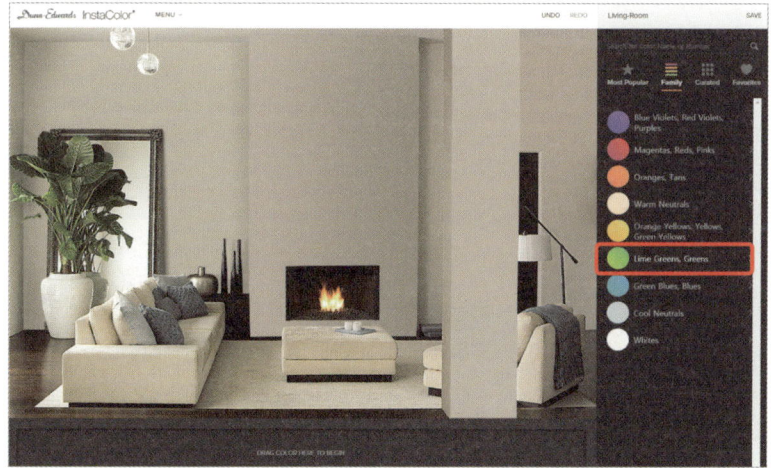

6. 마음에 드는 컬러칩을 드래그해 이미지의 넣고 싶은 부분에 놓는다. 고른 색이 적용되면서 창 아래에 WALL(벽), TRIM(천장), ACCENT(포인트) 칸이 생긴다. 이제 각 칸에 원하는 컬러를 넣어서 색을 확인할 수 있다. 이 책에서는 WALL(벽) 부분에 'Evergreen Forest' 컬러를 사용하였다.

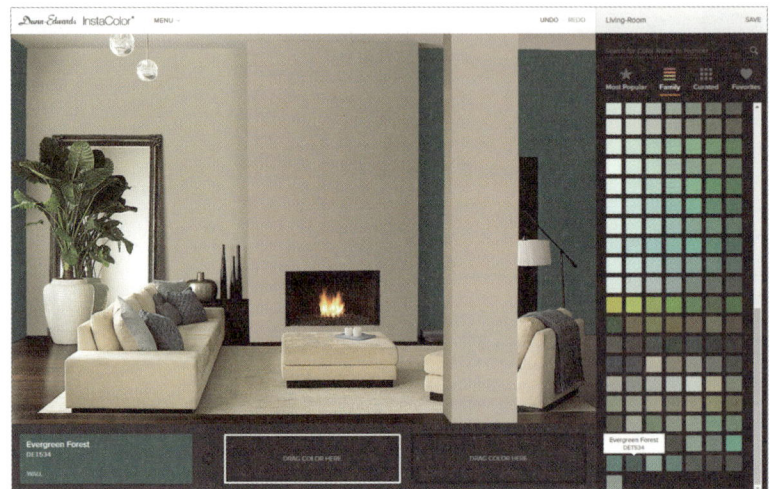

7. 천장은 무난하게 'Most Popular' 섹션에서 'White' 컬러를 골라서 'TRIM (천장)'에 넣었다.

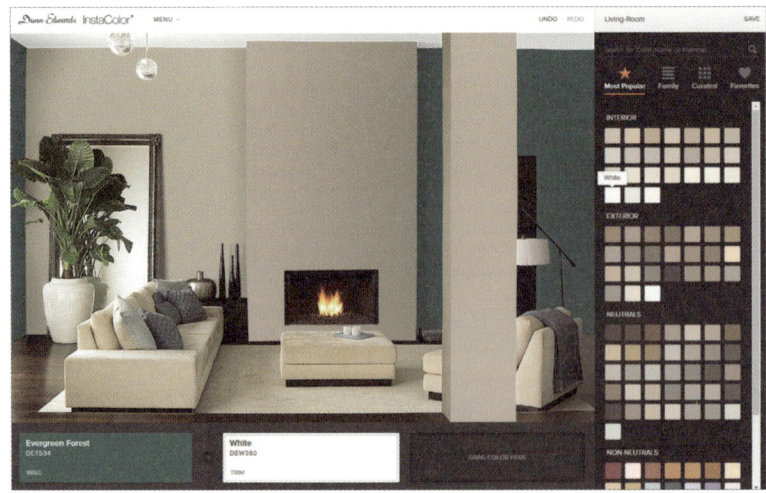

8. 'ACCENT(포인트)' 부분에 포인트 컬러로 사용할 핑크 'Salmon Upstream' 을 넣어주었다.

📖 tip / 인스타 컬러의 컬러 차트 종류

① Most Popular : 인기 있는 컬러들을 모아놓은 곳으로, 베이지 또는 미색 계열의 컬러가 많다.

② Family : 같은 계열의 컬러들을 모아놓은 섹션으로, 원하는 색의 계열이 확실한 경우 사용하기 좋다.

③ Curated : 전문가들이 만들어놓은 컬러 컬렉션들이며, 각 섹션에 따라 컬러가 나눠져 있다.

1301호는 시뮬레이션에서 사용한 'Ever Green Forest' 컬러를 실제로 사용했다. 화면과 조금 차이는 있지만 꽤 비슷한 느낌이 나는 것 같다.

2019년 820호의 어느 날

컬러 시뮬레이션하는 방법 2

컬러를 간단히 시뮬레이션할 수 있는 어플도 굉장히 다양하다. 던에드워드에서 만든 어플인데 앞에서 소개한 시뮬레이션은 다른 사람이 이미 만들어놓은 팔레트에서 골라서 사용했다면 이 어플은 자신이 좋아하는 사진의 컬러를 그대로 사용할 수 있다.

1. 안드로이드나 애플 앱스토어에서 'InstaColor'를 검색해 앱을 설치한다.
2. 앱을 실행하고 'Launch'를 터치한다.
3. 'Dun Edwards InstaColor'에서 'Browse My Photos'를 누른다.

    참고 _ 'Take a Photo'가 즉석에서 사진을 찍어 컬러 팔레트를 뽑아내는 방법인 데 반해 'Browse My Photos'는 기존의 사진 폴더에 있는 사진으로 색을 뽑아내는 기능이다. 개인적으로 후자를 더 추천한다.

4. 'Match My Colors'를 누르면 이미지에서 던에드워드 컬러 페인트 넘버가 나온다. 웹이나 모바일로 인스타 컬러를 사용하면 자신이 좋아하는 이미지의 컬러를 추출할 수 있고 던에드워드 페인트의 정확한 컬러 넘버까지 알 수 있다. 모니터에 따라 색이 조금씩 다르긴 하지만 어느 정도 감을 잡을 수 있으니 잘 활용해보자.

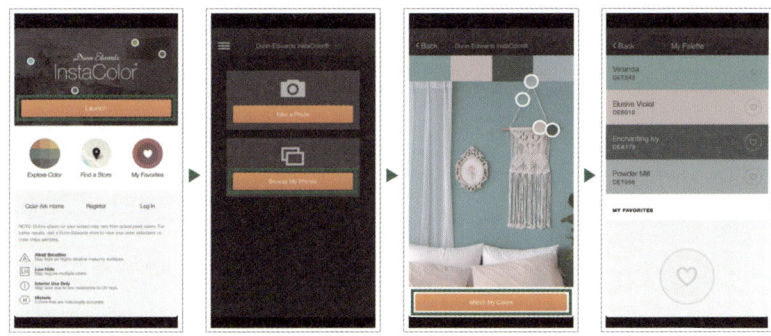

오프라인에서 확인하기

어느 정도 색을 골랐으면 그 컬러가 자신의 집에 잘 어울릴지 눈으로 직접 확인해야 한다. 간혹 화면에서 본 컬러와 실제 컬러가 확연하게 다른 경우가 있다. 사용하고 있는 모니터 설정이나 특성에 따라 다소 다를 수 있기 때문이다. 모니터 색상 차이로 인한 실패를 막으려면 던에드워드 오프라인 매장을 방문하는 것이 가장 확실하다(네이버 지도에서 던에드워드를 검색하면 가까운 매장 정보가 나온다).

참고 _ 네이버에는 단독 매장만 표기되어 있다. 동대문 현대시티아울렛에 있는 '문고리닷컴' 오프라인 매장에도 지점이 있다(주소 : 서울특별시 중구 장충단로 13길 20 현대시티타워 2층).

거리상 여건이 안 된다면 할 수 없지만 근처에 컬러 칩을 확인할 수 있거나 조색을 해주는 매장이 있다면 직접 가서 눈으로 확인하는 것이 가장 좋다. 820호의 경우 민트색 컬러를 인스타 컬러를 이용해서 골랐는데 왠지 화면과 다소 차이가 클 것 같은 생각이 들었다. 그래서 '문고리닷컴' 오프라인 매장에 가서 직접 컬러 칩을 확인하고 그 자리에서 조색을 해왔다. '문고리닷컴' 숍 내에 던에드워드 섹션이 별도로 크게 있는데 백화점 같은 구조라 단독 매장보다 부담 없이 볼 수 있고 인테리어 소품 및 각종 공구와 자재도 함께 구입할 수 있어서 편하다.

페인트 칠하기

1. 마스킹테이프로 페인트 칠할 곳의 바깥쪽을 세심하게 붙여 준다. 몰딩이나 구석은 먼지가 많아 테이프가 쉽게 떨어지기 때문에 마스킹테이프를 붙이기 전에 걸레로 깨끗이 닦아야 한다.

참고 _ 페인트칠의 8할은 마스킹 작업이다. 빨리 해보겠다고 대충 붙였다간 나중에 떼고 난 후 수습하는 시간이 더 오래 걸린다. 그리고 절대 페인트를 듬뿍 바르면 안 된다. 덕지덕지 지저분해지거나 페인트가 줄줄 흘러내려 자국이 생기기 쉬우니 얇게 여러 번 바르는 것이 좋다.

 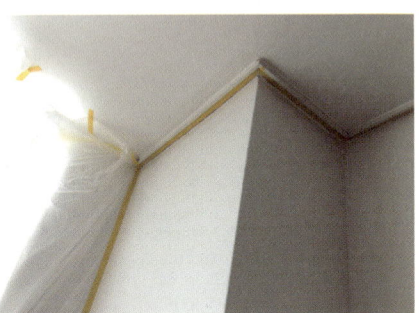

2. 마스킹테이프 외각이나 모서리부터 앵글 붓(42쪽)을 이용하여 발라준다. 앵글 붓의 크기는 다양한데 가정집의 경우 2.5~3인치 정도면 적당하다. 일반 평붓의 경우 칠할 면적이 넓으면 그만큼 넓은 붓을 써야 하는데 롤러와 함께 사용하기 때문에 보통 3~4인치가 무난하다.
참고 _ 페인트를 한꺼번에 붓에 너무 많이 묻히는 것은 금물!

3. 물에 적신 롤러를 손으로 꾹 짠 후 페인트를 묻혀 천천히 발라준다.

참고 _ 롤러는 천천히 대각선, 위, 아래 방향으로 발라준다. 빠르게 롤러질을 하면 사방으로 페인트가 튀므로 주의한다.

4. 초벌이 끝나면 1~2시간 정도 완전히 말린 후 손에 묻어나지 않으면 추가로 1~2회 덧칠해준다.

참고 _ 계절과 날씨에 따라 페인트가 마르는 속도가 다르다. 습한 날은 제습기나 에어컨을 틀고 작업하면 도움이 된다.

interior consulting

사실 페인트칠은 중노동이다. 가구를 모두 옮겨야 하고 롤러질도 꽤나 시간과 에너지를 요한다. 꼭 든든하게 밥을 먹은 후 작업을 시작하자.

2019년 820호의 어느 날

하지만 페인트칠은 과정은 힘들어도 가격 대비 가장 효과가 큰 작업이다. 820호처럼 강한 색들은 개성이 강한 가구와 인테리어 소품을 돋보이게 한다.

interior consulting

최근에 노란색 페인트를 이용해 820호의 분위기를 바꿔보았다. 이전의 진한 민트색 컬러를 깔끔하게 덮기 위해 페인트를 3회 칠했다(기존의 색이 진할 경우 젯소를 1회 칠하고 도장하는 것을 권장한다).

마스킹 작업을 한 뒤 모서리와 벽 끝부터 작은 붓을 이용해 발라준다.

1차 도색 후

2차 도색 후

3차 도색 후 완성

820호는 지금까지 두 번의 페인트칠을 했다. 대략 넉넉히 10만원 정도면 친환경 브랜드의 페인트와 부자재(트레이, 붓, 롤러, 마스킹테이프)까지 모두 구입이 가능하다. 페인트칠은 변화의 폭이 커, 가격 대비 가장 드라마틱한 분위기 전환을 할 수 있는 인테리어 방법이다.

interior consulting

◆
원룸을 쓰리룸처럼

나는 성인이 되어 독립한 후 지금까지 원룸에서만 살았다. 그래서 공간을 어떻게 하면 조금이라도 넓게 쓸 수 있을지 많이 고민했다. 지금 사는 집은 실평수 12평으로 원룸 치고는 조금 평수가 큰 편이라 나름 공간을 분할해서 사용하고 있다. 지금부터 원룸을 조금이라도 더 실용적으로 넓게 사용하는 나만의 방법을 소개하도록 하겠다.

아일랜드 수납장을 이용해 침실과 거실 분리하기

공간이 조금 여유롭더라도 원룸은 원룸이다. 주방 싱크대 바로 옆에서 자는 것은 그리 유쾌한 기분이 아니기 때문에 주방 공간만큼은 침실과 확실하게 나누고 싶었다. 아일랜드 식탁의 최대 장점은 수납과 공간 분리를 동시에 해결할 수 있다는 점이다. 한쪽 면이 막혀 있는 수납형 아일랜드 테이블 두 개를 붙여 주방과 침실 사이에 가벽처럼 공간을 구분해줬다.

아일랜드 테이블은 일반 식탁보다 높이도 높고 테이블 아래 발이 들어갈 공간이 좁아서 상대적으로 불편한 단점은 있다. 하지만 테이블 아래에 전자레인지와 밥솥 등 자잘한 생활용품들을 수납할 수 있어서 공간을 전반적으로 깔끔하게 정리해주는 장점이 있다.

그런데 아일랜드 식탁 두 개를 붙이는 바람에 가로가 일반 식탁보다 훨씬 길어졌다. 그래서 한쪽에 무명천을 깔고 그 위에 좋아하는 차와 다기 세트를 올려두었다.

패브릭으로 공간 분할하기

원룸에 살다 보면 침대가 소파가 되기도 하고 식탁이 되기도 한다. 드레스룸과 서재, 안방이 분리되어 있는 집과 달리 원룸이라는 공간이 가진 역할을 100퍼센트 활용하는 것이 쉽지만은 않다.

숙면을 위해서는 침실에 TV도 책도 두지 말라는 말을 들은 적이 있다. 하지만 원룸인 820호 침대의 오른쪽에는 책상이 있고 왼쪽에는 주방이 있다. 침실과 주방은 아일랜드 수납장으로 공간을 분리했고, 침대 오른쪽에는 공간을 많이 차지하지 않는 패브릭을 사용해 다시금 공간을 재분리해주었다. 그리고 그림을 그리거나 작업할 때 사용할 수 있는 책상을 두었다. 휴양지 호텔에서나 봄직한 캐노피도 생각해봤지만 침대 전체를 감싸

interior consulting

면 좁은 공간이 더 답답해 보일 것 같아서 부분적으로 살짝 비치는 시폰 커튼을 이용하여 시각적으로만 분리했다. 시폰 소재는 특유의 비침 때문에 답답해 보이지 않고 누우면 아늑한 느낌을 준다.

2019년 820호의 어느 날

참고 _ 포털 사이트에서 곡선 레일을 검색해보자.
침실 공간의 분할에 사용한 커튼은 일반적인 레일이 아니라 원하는 모양대로 손으로 구부려서 사용할 수 있는 곡선 레일이다. 동그랗게 구부려서 욕실 샤워커튼이나 침대 캐노피로도 쓸 수 있다. 그 외에도 굴곡진 공간에 다양한 용도로 사용 가능하다.

벽에서 가구 떨어트리기

820호의 기본 도면

일단 침대, 책상, TV장, 티 테이블, 의자 두 개를 이용해서 가구를 배치해 보자. 집이 좁을 경우 공간을 넓게 쓰기 위해서 모든 가구를 벽에 붙이는 경우가 많다. 아마도 과거 한옥의 좌식 생활에서 유래한 것 같은데, 좌식 생활을 하던 그 시절엔 가구들을 벽에 붙여 방 가운데를 넓게 비워놓고 상황에 따라 상을 펴서 식사를 하거나 이불을 깔고 잠을 잤을 것이다. 생활 패턴이 많이 달라진 지금도 가구는 벽에 붙이는 것이라는 고정관념을 가

2019년 820호의 어느 날

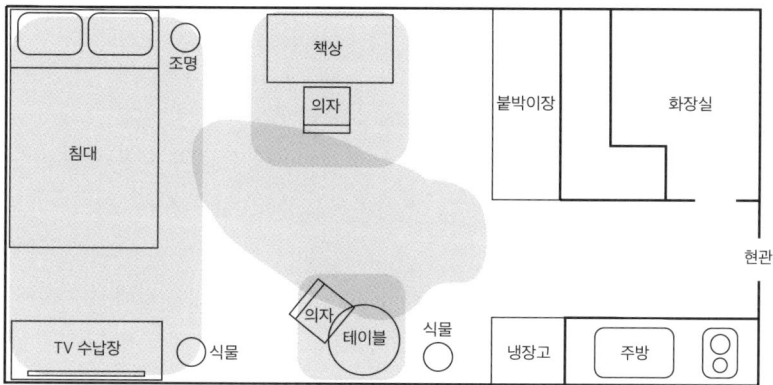

지고 있는 사람들이 많은 것 같다. 지금 우리가 사용하는 대부분의 가구들은 서양의 생활양식에 맞춰진 것이라 막상 가운데 공간을 비워놓으면 지나다니는 것 외에는 별 쓰임이 없다.

위의 도면은 침대를 모서리 쪽에 딱 붙인 후 책상과 나머지 가구들도 벽쪽으로 다 붙인 것이다. 가운데 공간이 넓어 보이지만 막상 이 공간은 지나다니는 것 말고는 쓰임이 없는 죽은 공간이다. 반면에 아래 도면처럼 책상을 벽에 붙이지 않고 배치할 경우 각 가구들이 공간을 분리해주고 공간별 효율도 높아진다. 원룸이지만 침실, 서재, 식사 공간으로 확실히 구분된다.

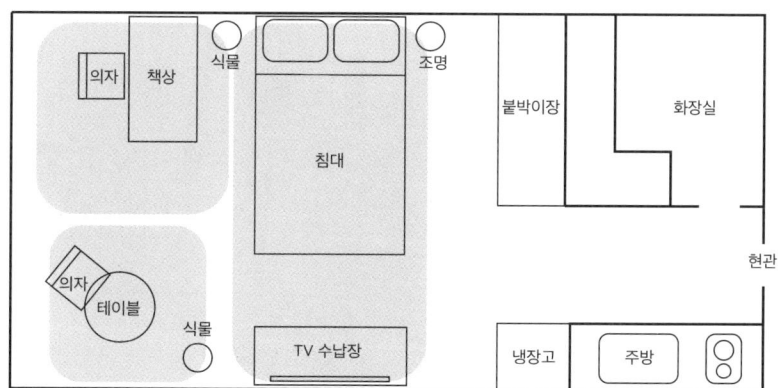

저렴하게 TV 벽걸이 시공하기

우리나라 사람들이 주로 사용하고 있는 TV 배치는 거실에 낮은 거실장을 놓고 그 위에 TV를 둔 다음 맞은편에 소파를 배치하는 것이다. 그래서 많이 하는 것이 벽걸이 시공인데 사람을 불러서 시공할 경우 비용이 10만 원이 훌쩍 넘는다. 네이버에 'TV 베사마운트'라고 검색하면 다양한 제품이 나오는데 이는 벽걸이 시공을 할 때 사용되는 브라켓을 말한다. 가격은 1만 원에서 3만 원 정도로 다양하다. 모든 TV는 뒤쪽에 네 개의 나사를 박을 수 있는 구멍인 베사 규격이 있다. 전 세계에서 공통 규격을 쓰기 때문에 구멍을 한 번 확인하고 구입하면 된다. 시공은 생각보다 간단한데 드릴로 벽에 구멍을 뚫어 브라켓을 벽에 붙이고 텔레비전을 걸어 주기만 하면 된다.

2019년 820호의 어느 날

TV 뒷면의 베사 규격

브라켓

TV가 스탠드 없이 벽걸이 형태가 되면 별도로 거실장이나 TV장을 두지 않아도 되고 바닥이 자유로워져 공간을 훨씬 다양하게 사용할 수 있다.

벽걸이 외 다양한 TV 거치 제품들

벽걸이 시공은 공간을 넓게 쓸 수 있는 장점이 있다. 하지만 이동이 어렵고 벽에 구멍이 4개 이상 생긴다는 단점이 있다.

만약 TV 배치를 자유롭게 하면서도 벽에 구멍이 생기는 것을 피하고 싶다면 이젤형 TV 스탠드 제품을 추천한다.

이젤형 TV 스탠드는 벽걸이 TV의 베사 마운트와 이젤이 합쳐진 형태이다. 이동이 자유롭고(전선의 여유가 있는 범위 내) TV를 오브제처럼 보이게 해주는 제품이다.

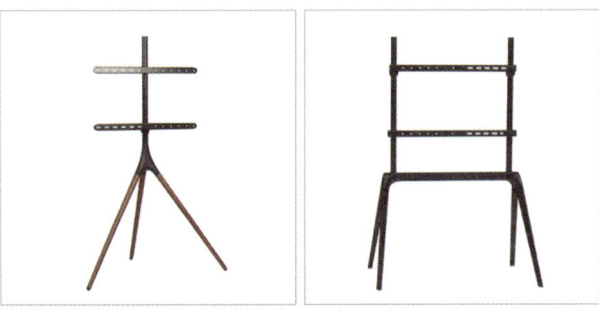

TV스탠드의 다양한형태

TV스탠드

2019년 820호의 어느 날

벽에 액자 또는 소품 걸기

내가 살아온 집에는 벽에 무언가를 걸어두는 경우가 많았다. 빈 벽이 왠지 휑한 캔버스 같은 느낌이 들어 하나씩 그림을 그리는 느낌으로 붙여주었는데 벽이 콘크리트일 때도 있고 석고보드이거나 나무일 때도 있었다. 자잘한 소품들을 자주 바꾸는 편이라 그때마다 나사를 박으면 벽이 남아나지 않았을 것이다. 그럴 때 유용한 것이 꼭꼬핀과 와이어 액자걸이다.

와이어 액자걸이는 몰딩 쪽에 박아주면 상대적으로 표가 덜 나고 다양한 것들을 걸 수 있다. 꼭꼬핀은 벽지와 벽 사이에 핀을 꽂아서 사용하는 것으로, 약해 보이지만 꽤 쓸 만하다. 가벼운 포스터나 사진의 경우 종이테이프를 툭 뜯어서 붙여도 자연스러운 느낌이 난다. 꼭꼬핀과 액자걸이, 종이테이프 모두 다이소나 온라인 쇼핑몰에서 저렴한 가격에 구입할 수 있다.

종이테이프를 이용한 인테리어

꼭꼬핀을 이용한 액자 인테리어

와이어 액자걸이를 이용한 인테리어

2019년 820호의 어느 날

◆

고양이와 함께 사는 중

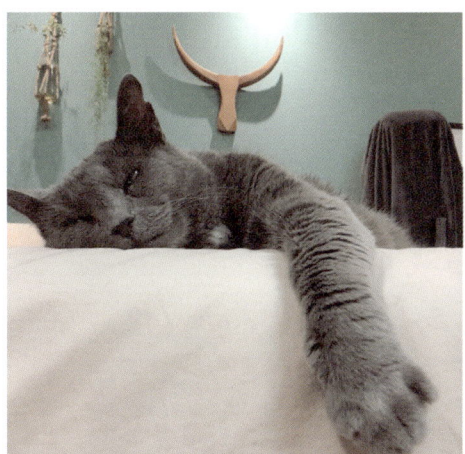 

고양이를 위한 가구는 없다. 다만 이 집의 모든 가구가 고양이 것이다.

지금 살고 있는 집으로 이사를 하면서 작업실과 도보 10분 거리로 멀어졌다. 그래서 민영이와 함께 출근을 하지 못하게 되었고, 민영이는 집사가 출근한 후 집에서 혼자 지내고 있다.

고양이와 함께 산다는 건 생각보다 쉬운 일이 아니다. 오리털 베개 속에서 사는 것과 비슷할 정도로 털과 함께하기도 하고, 여름 내내 에어컨을 틀어놓고 출근을 해야 한다. 그리고 집에 있는 모든 것들이 스크래처가 된다. 가령 담요나 카펫, 심지어 가방과 신발, 옷까지도….

물건을 일부러 떨어뜨리지 않더라도 위에서 물건이 떨어졌을 경우를 대비해 선반이나 테이블에는 위험 가능성이 조금이라도 있는 물건은 가급적 치워야 한다. 그리고 아침저녁으로 고약한 냄새가 나는 화장실을 치우고, 매일 물과 간식을 챙기고 빗질해주는 등 끝없이 바쁜 집사의 나날들이 이어진다.

강아지용품도 그렇지만 반려동물을 위한 용품과 가구들은 귀여움과 화려함을 강조하는 경우가 많아 단품으로 볼 때는 예쁜데 막상 집에 들이면 어울리기가 쉽지 않다. 그나마 가장 자연스럽게 어우러질 수 있는 원목 제품들은 가격이 너무 고가일 때가 많아 그마저도 쉽게 구입하기 어렵다. 캣타워, 스크래처, 스텝퍼, 식기, 쿠션 등 사야 할 것도 많다. 사실 3년간 민영이와 살아보니 화장실을 제외한 대부분의 물품은 굳이 고양이 용품으로 사지 않아도 될 것 같다.

어차피 내 것도 민영이 것도 다 민영이 것이다.

TV장 위에 양털 퍼를 올려놓았더니 꼭 이곳에 올라가서 쉰다.

2019년 820호의 어느 날

벤치에 담요를 개서 올려놨더니 낮잠은 항상 이곳에서 잔다.

내가 사용하려고 놓은 안락의자는 내 허락도 없이 누군가가 쓰고 있다.

까끌까끌한 마 소재의 카펫을 깔았더니 스크래처로 원껏 쓰고 있다.

사실 고양이는 인간이 무엇을 사든 모두 자기 물건화한다.

part 2.

◆

나도 너처럼

_____

살고 싶다

◆

interior consulting

최근 몇 년 사이 가장 많이 들었던 말은 "나도 너처럼 살고 싶다."는 것이다. 사실 나는 공간에 그리 돈을 많이 쓴 것도, 대단한 인테리어를 한 것도 아니고, 나름 내 취향대로 소박하게 꾸몄을 뿐이다.
이렇게 비교하긴 우습지만 나에게 '나도 너처럼 살고 싶다'고 말했던 사람들 중 나보다 훨씬 높은 연봉에 더 비싸고 좋은 집에서 사는 이들도 많았다. 무엇이 그들이 나에게 그런 말을 하게 만들었을까? 그건 아마도 소소한 일상의 차이 때문이지 아닐까 싶다.

예를 들어 아침에 달걀 프라이가 아주 예쁘게 됐거나, 동네에서 산책을 하다가 우연히 들어간 빵집이 숨겨진 맛집이었을 때, 엘리베이터를 탔는데 옆 사람에게서 내가 좋아하는 향수 냄새가 날 때, 평소 갖고 싶었던 가구를 운 좋게 반값에 구입하게 됐을 때. 그렇게 일상에서 건져올린 아주 작고 소소한 즐거움들. 때론 그런 작은 즐거움이 하루를 기분 좋게 만들어주기도 한다. 이런 나의 모습이 그들의 눈에 소소하고 즐거워 보였던 건 아니었을까?

20대 초반 때까지만 하더라도 겉으로 보이는 내 모습에 더 신경을 썼다. 지금 생각하면 왜 그런 옷을 입고 다녔을까 싶긴 하지만 불편한 옷을 입는 수고를 감수하고서라도 눈에 띄고 싶었고, 이왕이면 사람들에게 좀 더 멋있는 모습을 보여주고 싶었다. 그러다 차츰 나이가 들면서 남에게 보이는 모습보다는 내가 직접 보고 느끼는 것에 더 관심을 가지게 되었다. 옷도 마냥 화려한 디자인보다는 원단이 좋고 입었을 때 편안한 것을 주로 고르게 되었다. 그리고 하루 중 가장 많은 시간을 보내는 집에 대한 관심이 부쩍 커졌다.

before consulting

interior consulting

나는 집 자체보다는 집 안을 채우는 것에 더 집중하는 편이다. 집이 점점 나에게 맞는 스타일로 변해가는 것을 보면서 소소한 즐거움도 커져갔고 작지만 충만한 행복도 종종 느꼈다. 그렇게 나의 일상에 조금씩 기분 좋은 일들이, 기분 좋은 날들이 늘어갔다. 아침에 반쯤 뜬 눈으로 내리는 커피, 침구를 정리하는 순간, 좋아하는 식기에 식사를 차려 먹는 아침, 외출할 때마다 보이는 현관문에 붙어 있는 나의 그림. 하루하루의 작은 소소함이 모여 한 달이 되고 1년이 되었다. 그렇게 어제보다 오늘의 내가 조금 더 행복해지지 않았나 싶다.

before consulting

사실 시간과 공을 들여 '나만의 집'으로 인테리어한 후 특별히 크게 바뀐 건 없다. 하지만 거의 모든 것이 바뀌기도 했다. 퇴근 후 뒤 돌아가서 편히 몸 뉘일 나의 집이 있다. 그리고 마음 맞는 친구들을 초대해서 끝나지 않는 수다로 밤을 하얗게 불태울 수 있는 집이 있다. 무엇보다도 내가 좋아하는 것들로 가득 찬, 하루 종일 뒹굴거려도 결코 질리지 않는 나만의 집이 있다. 나를 닮은 '나만의 집'이 있다는 것은 통장에 잔고가 두둑이 쌓여 있는 느낌이랄까? 아무것도 안 하고 잔고만 바라봐도 든든한, 어딜 가도 큰소리칠 수 있을 것 같은 기분. 지금 살고 있는 집은 나에게 그런 충족감이다.

이제 다른 이들의 이야기를 해보려 한다. 나에게 인테리어 컨설팅을 부탁했던 사람들의 이야기다. 처음 컨설팅 부탁을 받았을 때 전문가도 아닌데 내가 뭐라고 인테리어 컨설팅을 해줘도 될까? 내 스타일대로 하면 되는 건가? 이런저런 고민이 밀려왔지만 일단 그들의 이야기부터 들어보기로 했다.
오래 전 처음 인테리어에 입문했을 때부터 지금까지 나는 거의 똑같은 방식으로 집을 꾸민다. 내가 좋아하는 것, 나의 일상, 평소 도전해 보고 싶었던 인테리어 등을 떠올려 내가 가진 예산 안에서 큰 욕심 부리지 않고 현실적인 것부터 하나씩 해나가는 식이다.

마찬가지로 내게 컨설팅을 의뢰한 그들의 이야기부터 들어본 후 내가 해줄 수 있는 것들을 하나씩 욕심 부리지 않고 해보기로 했다.

interior consulting

◆
습관과 취향으로
채워진 공간

"내 취향은 무엇일까?"

막상 내가 좋아하는 것, 평소에 자주 하는 것, 취향 등을 나열해볼라 치면 의외로 선명하게 떠오르지 않을 때가 많다. 무의식중에 습관적으로 하는 행동이 많기도 하고 평소에 나 자신에 대해 고심하며 생각해본 적이 별로 없어서다. '나'를 빼고 인터넷에서 혹은 어딘가에서 봤던 예쁜 인테리어를 그대로 따라했다가는 낭패를 볼지도 모른다. 집을 꾸밀 때 가장 먼저 우선 순위에 둘 것은 그 공간의 주인인 사람의 라이프스타일이다. 아무리 예쁜 집도 내 라이프스타일과 맞지 않으면 쓸모없기 때문이다.

자신의 라이프스타일을 제대로 알기 위한 몇 가지 리스트를 만들어 보았다. 이와 똑같을 필요는 없다. 자신만의 질문 리스트를 만들어 스스로에게 자문해보자. 내 습관과 취향을 파악하는 데 많은 도움이 될 것이다.

before consulting

✓ 라이프스타일 체크 리스트

○ 퇴근하고 집에서 주로 무엇을 하나요?

○ 집에서 밥을 직접 차려 먹나요?

○ 가장 좋아하는 옷은 무엇인가요?

○ 차, 커피, 탄산음료, 과일주스, 술 중 무엇이 가장 좋으세요?

○ 취미가 있나요?

○ 집은 어떤 공간이었으면 좋겠어요?

○ 기억에 남는 영화 또는 드라마가 있나요?

○ 좋아하는 나라 또는 여행지는 어디예요?

○ 가장 소중한 물건을 세 가지만 고르라면?

○ 당신은 어떤 사람인가요?

interior consulting

특별할 것 없는 이 모든 질문에 대한 답을 모아 몇 가지 유형으로 분류한 후 이를 바탕으로 자신에게 어울리는 집을 꾸미면 좋겠지만 사람은 단순하게 몇 가지 유형만으로 분류되지 않는다. 어떤 것은 그냥 좋았다가, 또 어떤 것은 그냥 싫다. 이유나 논리가 있기보다는 아무 이유 없이 그냥 좋고 싫은 경우가 더 많을지도 모른다. 그마저도 점차 시간 혹은 기분에 따라 수시로 변한다.

그 누구에게도 완벽한 형태의 집은 없다. 그저 그때그때의 기분과 생활 패턴에 따라 조금씩 바뀌는 집이면 족하다. 앞의 라이프스타일 체크 리스트를 바탕으로 자신이 할 수 있는 것부터 그리고 가장 하고 싶은 것부터 하나씩 공간을 바꿔나가 보자.

이제 가장 중요한 질문 하나가 남았다. 예산은 얼마까지 가능한가? 사실 인테리어에는 정해진 금액이 없다. 내가 쓸 수 있는 만큼, 쓰고 싶은 만큼이 가장 합리적이고 정확한 예산이다.

공간 컨설팅을 본격적으로 하기로 마음먹은 후 모든 사람에게 똑같이 체크 리스트를 실행했다. 하지만 이야기는 각양각색으로 나왔다. 나는 인테리어 전에 그들이 사는 이야기를 듣는 작업을 다른 무엇보다 중시했다. 이를 통해 그들만의 취향을 캐치할 수 있었다. 나는 그 집에 사는 사람을 닮은 집을 만들어 주고 싶었다.

before consulting

본격적인 인테리어를 위한 준비

본격적인 인테리어를 위한 첫 번째 준비는 실측과 도면을 그리는 것이다. 인테리어를 막연한 감으로 시작했다가는 나중에 큰 낭패를 볼 수 있다. 쇼핑몰 사진 속의 예쁜 소품이 집에 왔을 때 정작 너무 작거나 커서 원하는 공간에 들어가지 않을 수 있고 다른 가구들과 높낮이와 컬러가 맞지 않아 난감할 수도 있다. 앞서 자신의 취향을 감성적인 질문으로 접근했다면 이번에는 이성적으로 인테리어를 위한 기본 틀을 만들어볼 차례다.

실측하기

실측은 말 그대로 실제로 측량한다는 뜻이다. 가장 기본적은 실측은 집의 사방 벽 너비와 높이를 재는 것이다. 간혹 줄자 사기가 아까워 30cm 자로 나눠가며 재는 사람들이 있는데 다이소에서 2~3천 원이면 살 수 있으니 웬만하면 하나 장만해두자. 굳이 ㎜ 단위까지는 재지 않아도 된다. 1~2㎝ 정도의 오차는 애교로 넘어갈 수 있다.

나만의 도면 그려보기

계획을 잘 세우면 몸이 덜 고생한다. 인테리어를 시작하기 전에 집의 평면도를 그려 어떤 집을 구상할지 꼼꼼히 계획을 세워보자. 평면도란 집을 위에서 내려다본 모습을 도면으로 그린 것으로 다음과 같이 누구나 수월하게 그려볼 수 있다.

interior consulting

1. 먼저 집 벽면을 따라서 차근차근 치수를 재보자. 모양이 예쁘지 않아도 된다. 종이에 cm 단위로 대강 기록하자.
   브러쉬 오프 블로그(https://blog.naver.com/kdh_14/221439215702)에서 다운받아서 출력하거나 문구점에서 구입한 모눈종이를 이용하여 한 칸을 10cm로 잡고 볼펜으로 앞에서 대강 기록했던 치수를 따라 다시 한 번 그려준다.

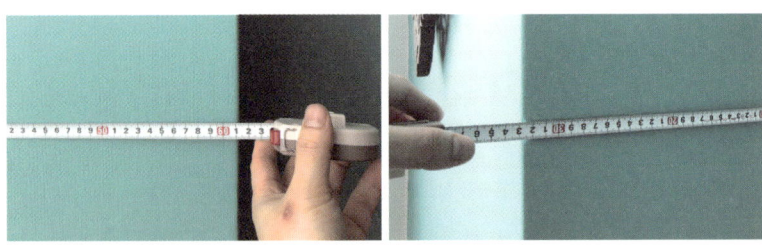

2. 공간에 배치할 가구들의 치수를 정확히 확인하여 모눈종이에 그려 오린다. 그리고 오린 종이에 어떤 가구인지 이름을 써놓는다. 기존에 가지고 있는 가구라면 줄자를 이용해서 실측하고 구입 예정인 제품은 판매 사이트 상세 페이지에서 치수를 확인하자. 예를 들어 150cm×200cm의 퀸 사이즈 침대는 모눈종이 15칸×20칸으로 그리면 된다.

before consulting

3. 잘라놓은 모눈종이 가구들을 움직이면서 여러 방향으로 각 공간마다 다양하게 배치해보자. 자르는 것이 귀찮다면 그냥 연필과 지우개로 그렸다 지웠다 해보는 것도 좋다.

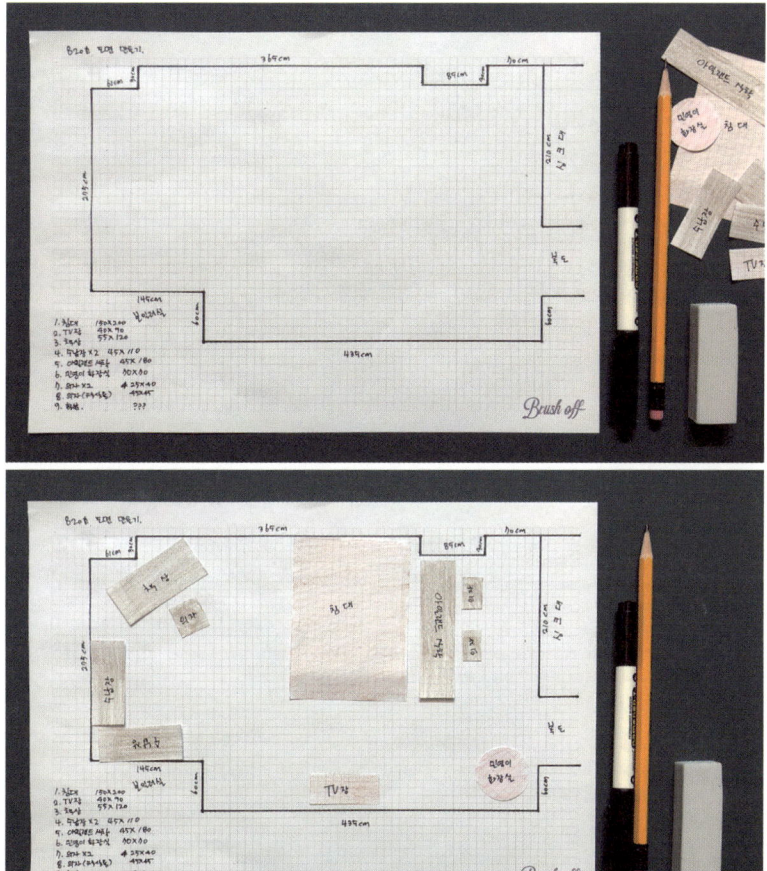

"이건 우리 집에 꼭 놓을 거야!" 절대 포기할 수 없는 가구가 있다면 그 가구 사이즈를 가장 먼저 배치해본 후 나머지 가구들을 그에 맞추면 된다. 메인 가구가 없다면 디자인에 구애받지 말고 각 가구들의 효율적인 배치를 먼저 생각해보자.

interior consulting

쇼핑 리스트 만들기

대략 가구 배치와 구상이 끝났다면 이제 가장 즐거운 쇼핑 시간이다. 네이버는 최적의 온라인 쇼핑 환경을 구축해놓고 있다. 예를 들어 네이버 쇼핑 창에 '침구세트'를 검색해보자.

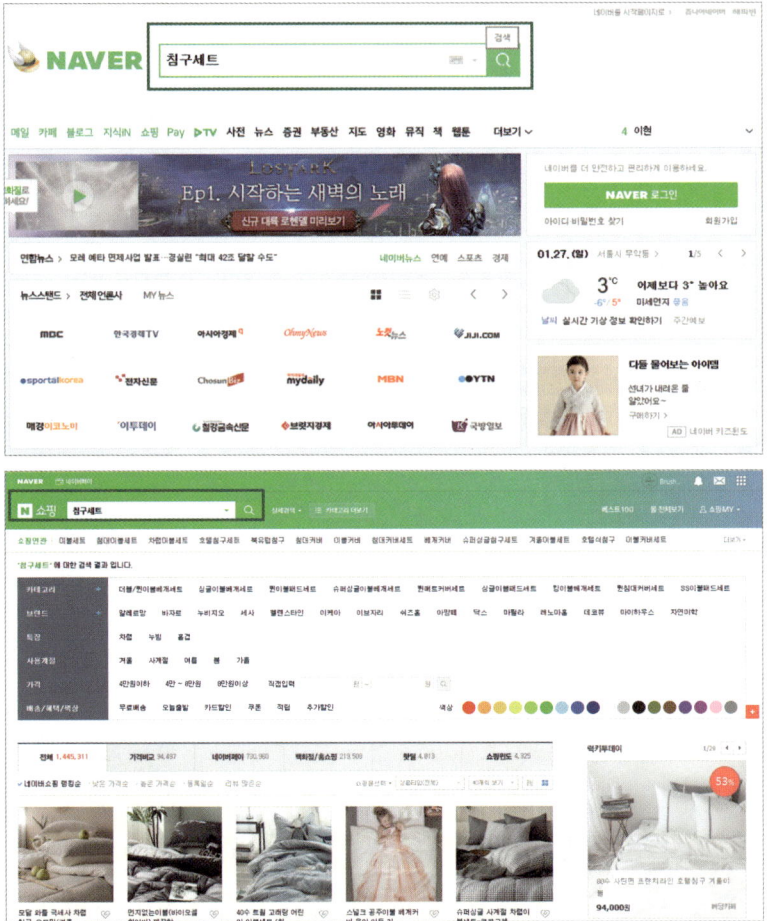

'대한민국 1등 쇼핑 포털'답게 아주 다양한 물건이 검색된다. 끝없는 정보의 바다에서 원하는 물고기를 낚으려면 어장을 좁혀야 한다. 먼저 가장 중요한 가격대부터 설정하자. 그러면 선택할 수 있는 물건의 폭이 좁아진다.

before consulting

검색창에서 아래로 조금 내려오면 '가격' 카테고리가 보이는데 '직접입력' 칸에 원하는 예산을 입력한다. 이 책에서는 예산을 8만 원 정도로 잡고 75,000~85,000원으로 가격을 설정했다. 전체 예산만 설정하고 세부적인 예산을 설정하지 않았다면 조금 더 가격 폭을 크게 잡아도 상관없다. 선택의 폭이 꽤 좁아졌지만 아직 이것만으로는 충분하지 않다.

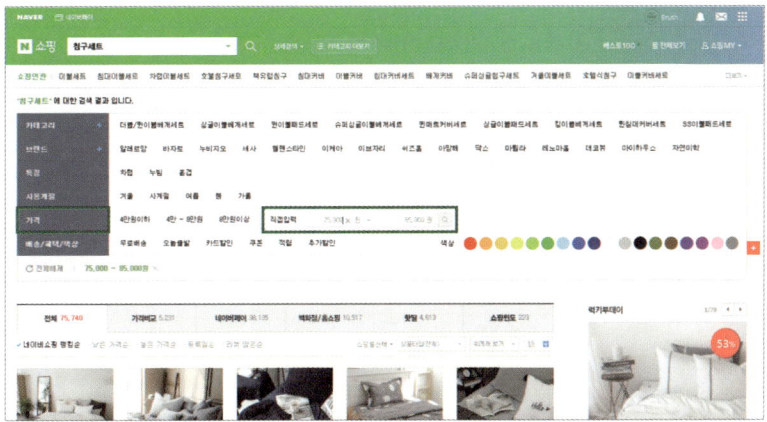

핀터레스트에서 구상한 컬러 팔레트도 적용해보자. '가격' 카테고리 아래에 있는 '색상' 란에서 자신이 원하는 컬러를 체크하자. 중복 체크도 가능하니 컬러를 몇 가지 더 선정해도 된다. 이 책에서는 '회색'을 선택했다.

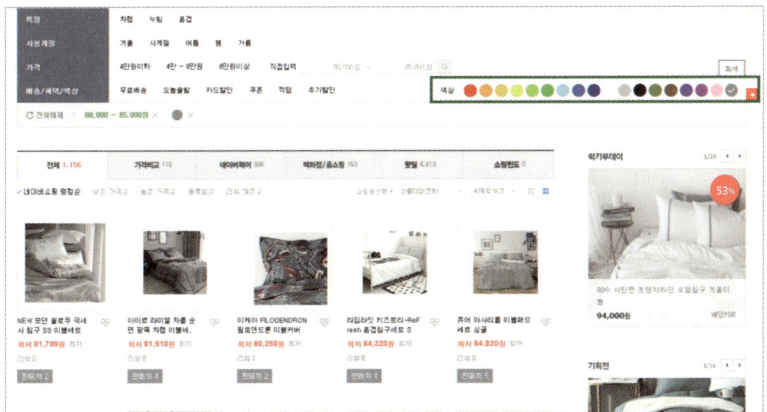

interior consulting

가격 설정과 색상 선택만으로 좀 더 효율적인 제품 선택이 가능해졌다. 하지만 장바구니에 담아서 주문을 하기에는 아직 이르다. 돌다리도 두드려 보고 건너라 했다. 제품 사진 우측 하단에 하트 모양의 버튼이 보이는가? 마음에 드는 제품이 있을 때마다 일단 하트를 클릭해놓자. 그러면 위시리스트 목록이 설정된다. 맘에 드는 몇 가지 제품을 한꺼번에 놓고 비교해보는 것도 좋다.

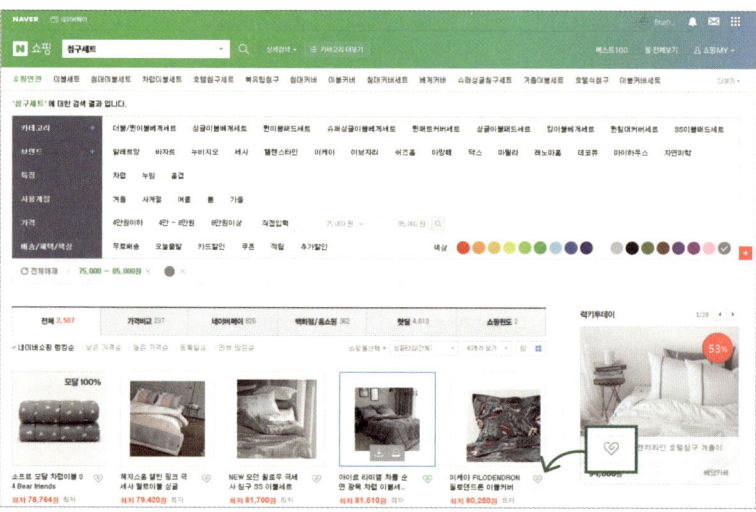

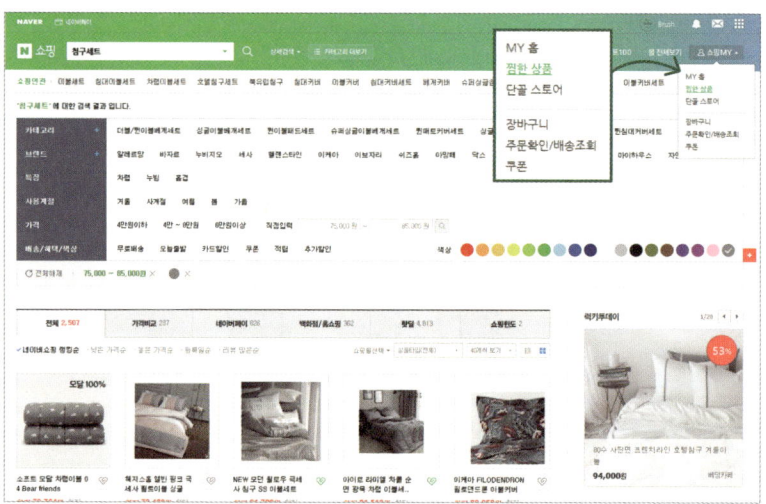

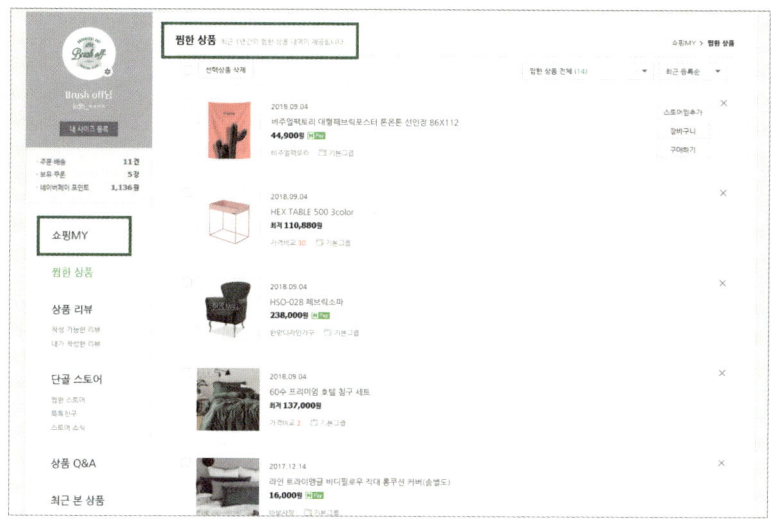

침구세트도 컬러별로 몇 가지 찜하고 침대 옆에 둘 안락의자, 화분, 패브릭 포스터 등 사고 싶은 물건들을 하나하나 목록에 추가하자. 찜 목록은 네이버 쇼핑 오른쪽 상단에 보이는 '쇼핑 MY'의 '찜한 상품'에 들어가면 볼 수 있다. 이렇게 나만의 알짜배기 쇼핑 리스트가 완성됐다.

이제 제품을 한 번 거를 차례다. 찜 목록에 있는 제품들은 어느 정도 색상, 가격, 필요 측면에서 유익한 물건들이다. 하지만 개중에는 꼭 마트에서 장 보듯 충동적으로 담았던 물건도 있을 것이다. 과감히 리스트에서 삭제하자. 아무리 생각해도 불필요한 물건이다 싶은 것들도 지우자. 그리고 전체 화면을 썸네일 형식으로 봤을 때 조금 거슬린다 싶은 제품들을 하나씩 빼보자. 그러다 보면 가장 필요한 물건들만 남을 것이다.

자, 이제 당신이 진정한 스마트 쇼퍼가 되었다고 생각할 수 있을 테지만 아직은 아니다. 일단 결제는 내일로 미루자. 지금 당신은 자신이 굉장히 스마트한 쇼핑 리스트를 작성했다고 생각하겠지만 좀 더 이성적인 내일의 당신이 오늘의 쇼핑 리스트를 한 번 더 수정해 줄 것이다.
지금부터 이러한 일련의 과정을 거쳐 컨설팅을 마친 다른 이들의 집들을 살펴보자.

interior consulting

친구가 많은 그

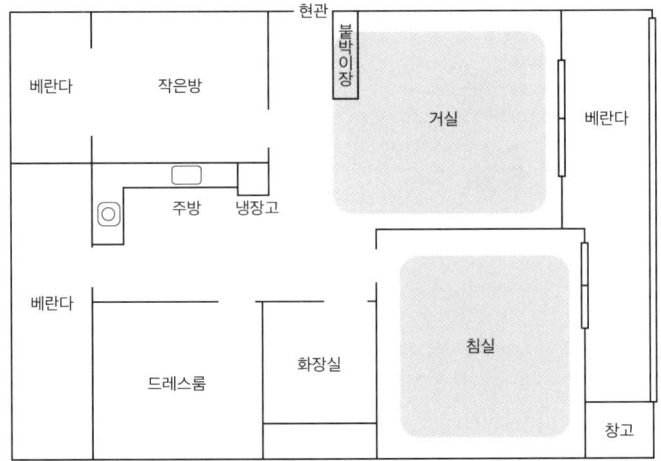

성별 : 남성
나이 : 30대 초반
거주 형태 : 18평 아파트
예산 : 약 60만 원

#군의관 #친구가 많은 #술 약속 #정리가 안 되는

친구가 많은 그

interior consulting

"거의 매일 술 약속 때문에 집에 들어가면 잠만 자."
"자는 것 말고 집에 갈 이유가 딱히 없으니까 일부러 약속을 잡기도 하고."
"그냥 밖에서 말고 집에서 편하게 술 마시고 놀 수 있으면 좋을 것 같은데."
"정리하는 건 좀 귀찮고…."
"복잡한 건 싫고 단순한 게 좋아."

나의 오랜 친구. 너무나 털털한 이 남자. 그에게 집은 그저 잠을 자는 공간일 뿐이었다. 성격이 수더분하고 발이 넓은 그는 퇴근 후 친구, 동료 등과 함께하는 모임이 잦았다. 그 때문에 집에 일찍 들어갈 일이 거의 없었다. 집이라 해봤자 데코는 거의, 아니 전혀 없었고 가구도 침대, TV, 서랍장, 용도에 맞는 단순한 것들뿐이었다. 그래서 그동안 그가 살았던 곳들은 집이라기보다는 숙소 같은 느낌이 강했다. 그런 그가 나에게 "나도 너처럼 살고 싶어."라면서 자신의 집을 인테리어해달라는 부탁을 해왔다!
군의관으로 군복무를 시작하며 3년 동안 지낼 새 아파트를 지정받았다 했다. 각종 모임이 잦고, 정리엔 소질이 없으며, 자신이 생활하는 집에도 전혀 관심이 없던 그는 친구들과 편하게 모여서 모임을 가지고 술도 마실 수 있는 그런 집을 가지고 싶다고 했다. 그에게 필요한 집이란 편한 숙면을 위해 군더더기가 없는 깔끔한 침실 그리고 친구들과 모임하기 좋은 공간일 테다.
자고로 집에는 자신이 좋아하는 구석 하나쯤은 마련해 둬야 한다. 나는 집에 항상 좋아하는 차와 예쁜 찻잔 세트 그리고 맛있는 쿠키를 준비해놓는다. 일이 끝나고 귀가하여 혹은 주말에 쉬면서 차 한 잔 마시는 그 시간이 내겐 하루 중 가장 행복한 '소확행'이다. 나의 티타임 같은 공간이 그에게는 친구들과 함께 편하게 술을 마실 수 있는 거실일 것이다.

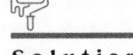

Solution

① 공간을 답답하게 만드는 몰딩 페인팅하기
② 분위기 좋은 펍으로 변신한 거실
③ 잠만 자는 용도의 편안하고 심플한 침실

친구가 많은 그

◆
공간을 답답하게
만드는 몰딩 페인팅하기

그의 새 보금자리는 몰딩이 유난히 강조된 집이었다. 몰딩은 공간의 끝을 시각적으로 보여주기 때문에 답답한 느낌을 준다. 아이가 있는 가족이 살았던 곳이라 구름 모양의 벽지와 스티커가 곳곳에 붙어 있어서 몰딩과 함께 흰색과 회색을 조색하여 깔끔하게 페인팅했다.

베이스는 흰색으로 하고 그의 성향에 맞게 차분하고 정돈된 느낌의 회색을 포인트 컬러로 잡았다. 참고로 회색은 모든 색과 잘 어울리기 때문에 웬만한 인테리어에 도전해보기 부담스럽지 않은 색이다.

tip / 몰딩을 페인팅할 때 유의할 점

몰딩은 코팅이 되어 있기 때문에 페인트가 쉽게 벗겨진다. 젯소나 프라이머를 1차로 바른 후 페인트를 칠하면 내구성이 훨씬 좋아지고 페인트도 더 잘 발린다.

친구가 많은 그

먼저 몰딩만 프라이머를 바른 후 그 위에 흰색 페인트를 칠해 주었다. 흰색만 칠해도 공간이 훨씬 넓고 깔끔한 느낌이 든다. 그다음 한쪽 벽에 회색 페인트를 칠해 공간을 차분하게 만들어줬다. 그리고 남은 회색 페인트로 현관문 옆에 있는 신발장 겸 붙박이장도 함께 칠해서 통일감을 줬다.

interior consulting

◆

분위기 좋은 펍으로
변신한 거실

보통 거실 하면 벽에 붙어 있는 소파와 거실장 그리고 텔레비전, 거실 한 가운데에 위치한 소파 테이블 등 가장 먼저 떠오르는 거실 특유의 '그것'들이 있다. 그런 공간에서 살고 있는 게으른 어느 남자가 운영하는, 테이블 하나의 작은 술집을 상상해 보았다. 약간 나온 배, 도톰한 손, 푸르스름한 수염자국, 술을 좋아하는 그는 오래된 작은 술집 문을 열고 들어가면 어김없이 앉아 있을 것 같은 푸근한 인상이다. 따로 소개를 하지 않는 이상 그의 직업이 군의관인지 아무도 모를 것이다.

그의 거실에는 아주 큰 테이블 하나와 작은 안락의자 하나만 놓았다. 손님과 함께 주거니 받거니 한 잔 하다가 그마저 귀찮으면 털썩 앉을 안락의자. 여기에 분위기를 나른하게 만들어줄 따뜻한 조명과 허전한 벽을 채워주는 그림 한두 점. 더 이상 필요한 것은 없는 것 같다.

친구가 많은 그

그의 거실에 놓인 테이블은 1301호와 마찬가지로 프레임을 주문 제작해서 아카시아나무를 상판으로 올렸다.

참고 _ 1301호 테이블 제작 : 70쪽

의자와 조명이 너무 과하면 부담스러우니까 튀지 않는 편안한 등받이 의자 두 개와 테이블 아래에 넣을 수 있는 벤치를 만들어 배치했다. 조명은 공간 전체를 따뜻하게 만들어줄 수 있는 소품이다. 작고 분위기 좋은 '펍'을 원하는 그를 위해 적당히 낮은 조도의 노란빛을 지닌, 따뜻하고 심플한 조명을 달았다. 흔히 에디슨 전구라고 부르는 앤티크 전구를 테이블 위에 나란히 떨어뜨렸다.

참고 _ 조도
전구의 밝기로, 전구를 구입할 때 포장지나 상세 설명에 광속 또는 lm(루멘)으로 표기되어 있다. 숫자가 높을수록 밝은 조명이다.

tip / 전구 색의 종류

- 주백색(내추럴화이트) : 눈의 피로가 덜하다. 보통 가정집에서 많이 사용한다.
- 주광색(쿨화이트) : 차가운 느낌의 밝은 빛으로 일반 가정보다는 업소에서 많이 사용한다.
- 전구색(웜화이트) : 따뜻한 느낌을 주는 노란빛으로 주방 혹은 분위기를 내고 싶은 공간에 사용하면 좋다.

친구가 많은 그

전체적인 공간 구성이 어느 정도 완성됐다면 자신이 이 공간을 실제로 사용했을 때의 느낌을 상상해 보자. 친구들을 집으로 불러서 술을 한두 잔 하게 되면 누군가는 등을 편하게 기대고 널브러지고 싶을 것이다. 그럴 때를 위해서 빈백 소파나 안락의자를 하나 추가하는 것도 좋을 것 같다.

그런데 그의 거실 테이블에 앉으면 베란다가 너무 떡하니 보여서 이게 내심 마음에 걸렸다. 어차피 그는 낮 동안은 집에 거의 없으니(어쩌면 저녁에도) 단순히 베란다와 거실을 자연스럽게 막아줄 역할 정도의 커튼이면 충분할 것 같았다. 그래서 집 전체 분위기와 잘 어울리면서 가성비 좋은 시폰 커튼으로 베란다를 가려줬다.

커튼을 달기 전

커튼을 단 후

interior consulting

집을 꾸미다 보면 어쩔 수 없이 지저분해지는 공간들이 있다. 그런 곳은 그림 한 점으로 운치 있고 자연스럽게 가려주면 좋다.

인테리어는 이 정도면 충분하다. 나머지는 살면서 채우면 된다. 선물 받은 그림도 놓고, 여행지에서 사온 작은 소품도 좋아하는 공간에 놓아보자. 집 주인의 취향에 따라, 시간 흐름에 따라 하나씩 채워지기도 비워지기도 하면서 자연스럽게 집 주인을 닮은 집이 되어간다.

거실에서는 소파에 앉아 텔레비전을 마주 보아야 한다고 법으로 정해놓은 것이 아니니 배치 구성에 있어서 조금 더 자유롭게 생각해봐도 될 것 같다. 딱딱한 테이블 하나가 떡하니 한가운데를 차지하고 있는 이 거실이 그에게는 그 무엇보다도 따뜻하고 행복한 공간이 되어주길 바라본다. 집에 처음 방문한 엄마한테는 등짝을 맞을지도 모르지만.

◆

잠만 자는 용도의
편안하고 심플한 침실

그 남자의 침실엔 필요한 것이 그다지 많아 보이지 않는다. 그에게 가장 활용도가 높을 예쁜 구석 하나는 이미 만들었으니 편안한 숙면을 위한 넓은 침대와 소소한 물건들을 넣을 사이드 수납장, 정갈한 느낌을 주는 블라인드면 충분할 것 같다.

tip / 블라인드vs커튼

창문에 블라인드와 커튼 중 무엇을 달지 적잖이 고민스러운 사람들이 많을 것이다. 공간을 좀 더 부드럽게 만들고 싶거나 컬러를 넣고 싶을 때는 커튼이 좋고 지저분한 것들을 가리고 싶거나 심플한 게 좋으면 블라인드를 추천한다.

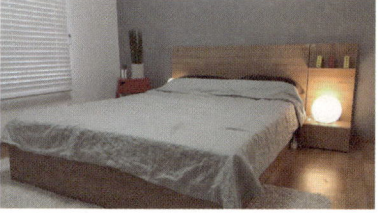

interior consulting

마지막으로 조금 허전한 벽을 채우기 위해 그에게 선물을 하나 했다. 거실은 이미 특색이 가득해서 침실은 좀 더 단순하고 편안한 느낌을 주고 싶었다. 그래서 전체적으로 모노톤으로 꾸미고 침대 옆의 작은 협탁만 레드로 포인트를 주었다. 더 이상 컬러로 포인트를 주고 싶진 않았고 허전한 벽은 채우고 싶었기에 침실과 어울리는 모노톤의 코끼리 그림을 그려서 선물했다. 풍수적으로 집에 코끼리 그림이 있으면 돈과 복을 가져다준다고 한다. 인테리어를 끝내고 몇 달이 지난 후 그의 집은 모 국군병원 군의관들의 아지트가 되었다는 소식을 들었다. 그리고 그는 바깥 대신 집에서 보내는 시간이 아주 많아졌다고 한다.

친구가 많은 그

interior consulting

취미가 많은 그녀

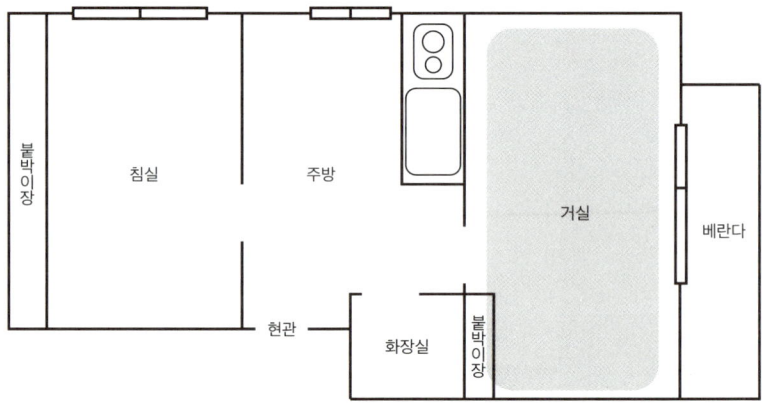

성별 : 여성
나이 : 30대 후반
거주 형태 : 투룸 빌라
예산 : 약 35만 원

🏠 #취미가 많은 #대금 #롤러스케이트 #요가 #등산 #여행 #모임 #스타트업

취미가 많은 그녀

interior consulting

"이거 우리 엄마가 20년 전에 처음 아파트 샀을 때 맞춤 제작한 레이스 커튼인데 아까워서 내가 이사할 때마다 들고 다녀."
"나도 친구들 초대해서 파티하고 싶어!"
"이 서랍장은 내가 주워온 건데 잘했지?"
"나 대금 배우잖아. 케이스도 가죽으로 맞췄어."
"이건 버리기 아까워서…."
"멀쩡한 거울을 버렸길래 내가 냉큼 가져왔어!"
"나 웨인스코팅 너무 해보고 싶어!"
"이건 요가할 때 쓰는 블록."
"이건 그림 그릴 때."
"이건 인라인 탈 때 쓰는 장비."
"침실은 그냥 두고 이 방에서 그림도 그리고, 요가도 하고, 대금도 연주하고, 친구들도 부르고 죄다 하려고!"

취미가 많은 그녀

잘 다니던 회사를 그만두고 질 좋은 우산을 만드는 스타트업을 시작한 그녀. 호기심 많고 뭐든 몸으로 해보는 걸 좋아하는 나의 대학원 동기다. 예쁜 식물 대신 가지를 키우는 걸 좋아하고, 대금을 불고, 요가를 하며, 인라인스케이트를 타고, 혼자 여행을 가서 늘 친구를 만드는 엉뚱하지만 누구나 좋아할 수밖에 없는 사람이다.

인테리어를 도와주기로 마음먹고 처음 방문한 날 목격한 그녀가 사는 집의 첫 인상은 '정신없음'이었다. 이사한 지 시간이 좀 지났음에도 박스들이 여기저기 쌓여 있고 온갖 물건들이 정신없이 놓여 있었다. 처음 인테리어 의뢰를 받았을 때는 그녀의 취향과 관심사가 워낙 광범위해서 공간을 어떻게 매만져야 할까 고민스러웠는데 막상 집을 보고 나니까 일단 빨리 치워야겠다는 생각뿐이었다.

인터뷰는 정신없는 방에서 물건들을 하나씩 정리하면서 진행됐다. 주워온 물건과 가구가 꽤 있었고 취미가 많은 만큼 다양한 장비와 기구들이 넘쳐났다. 뒤죽박죽인 집을 살피던 중에 물건 하나가 유독 눈에 띄었다. 하얀 웨딩드레스였다. 결혼도 안 한 여자가 무슨 드레스인가 싶었는데 자세히 보니 레이스 커튼이었다.

"이 커튼은 우리 엄마가 20년 전에 아파트를 처음 샀을 때 맞춤한 레이스 커튼이야. 엄마가 버린다는 거 아까워서 내가 가져와서 이사 갈 때마다 들고 다녀."

20년이나 된 커튼이라 색이 조금 바래긴 했지만 첫눈에 봐도 정성이 많이 들어간 커튼이었다. 아까워서 버리진 않았지만 차마 사용할 자신이 없어서 가지고만 있었다고 한다.
취미는 늘 바뀐다. 더군다나 이 여자는 취미가 너무 많다. 그래서 그녀의 취미와 취향은 잠시 접어두고 바뀌지 않는 것들에 집중하기로 했다. 어머니의 젊음과 추억이 깃든 소중한 커튼에 맞춰서 집을 꾸미고 그녀의 취향과 취미를 조금씩 더하기로 했다.
방을 살펴보니 침실로 쓰는 작은방이 있고 조그마한 현관 겸 주방 그리고 잠을 자는 것 외에도 대부분의 시간을 지낼 만큼 큰 방이 하나 있었다. 내가 컨설팅할 공간은 바로 이 큰 방이다.

Solution

① 그녀를 닮은 인테리어
② 페인팅으로 낡은 가구 리폼하기
③ 그녀의 취미를 담은 집

취미가 많은 그녀

◆
그녀를 닮은 인테리어

자신의 취향을 잘 모르겠거나 취향이 너무 많을 경우 좀체로 집의 콘셉트를 잡기 힘들다. 이럴 땐 자신이 좋아하는 물건을 하나 고르고 그에 맞춰 집을 꾸미면 편하다. 820호의 주인공을 쿠션으로 정하고 나머지 조연들을 꾸민 것처럼 이 방의 주인공은 바로 20년 전 엄마의 물건이다. 엄마의 커튼, 일단 달았다.

상앗빛의 레이스 커튼은 사실 호락호락한 느낌이 아니었다. 일단 회색 벽에 너무 어울리지 않았고 커튼 자체로도 너무 튀었다. 먼저 회색 벽부터 변화가 필요해 보였다. 다음날 바로 '문고리닷컴' 오프라인 매장에서 커튼과 가장 유사한 색의 페인트 컬러를 조색해 왔다. 페인트는 보관 상태나 컬러에 따라 시간이 지나면 위쪽에 투명한 물 같은 것이 생기는 경우가 많다. 문제가 있는 건 아니니 페인트 구입 시 동봉된 나무스틱을 이용해 아래까지 충분히 잘 저어서 섞어주면 된다.

참고 _ 페인트 컬러 고르고 조색하기 : 63, 98쪽

interior consulting

웨인스코팅으로 꾸미기

회색 벽을 페인팅하는 도중 일전에 웨인스코팅 재료를 사놓고 붙이지 않은 것이 생각났다. 웨인스코팅은 벽에 여러 모양의 판을 덧대 보온과 마감, 장식적 효과를 내는 인테리어 기법이다. 어디에서 봤는지 다른 건 몰라도 웨인스코팅은 꼭 하고 싶다는 그녀의 부탁에 재료를 추가로 더 주문해서 시공했다. 평범한 벽에 장식적인 요소를 더하는 웨인스코팅과 단순한 패브릭에 여러 무늬를 더해 화려하게 만든 레이스 커튼은 닮은 점이 많다. 특히 두 가지 모두 공간을 앤티크하게 만들어 주는 효과가 크다는 공통점이 있다.

실패 없는 웨인스코팅 시공을 위해서는 벽의 치수를 정확히 재야 한다. 벽을 어떤 패턴으로 꾸밀지 꼼꼼히 생각한 후에 주문해야 하는데 정해진 기준은 없지만 액자 프레임처럼 네모난 형태가 반복되는 것이 가장 실패

취미가 많은 그녀

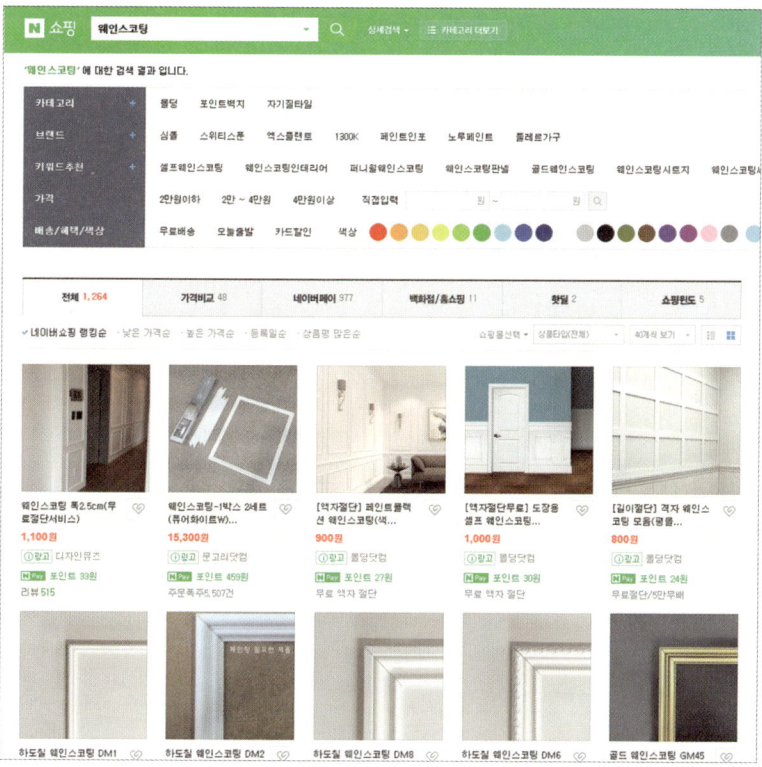

확률이 적다. 패턴 구상이 끝났다면 네이버 쇼핑에서 '웨인스코팅'을 검색하자. 마음에 드는 모양을 찾아 원하는 사이즈만 입력하면 재단해서 보내준다.

참고 _ 네이버 쇼핑 : 142쪽

웨인스코팅은 일자로 쭉 뻗은 단순한 모양부터 화려한 패턴이 들어간 모양까지 종류가 굉장히 다양하다. 그녀의 집에는 아주 화려한 레이스 커튼이 달릴 예정이라 가장 단순한 형태인 사각형의 액자 몰딩으로 골랐다.

아래 그림처럼 연출하려면 어떻게 주문해야 할까?

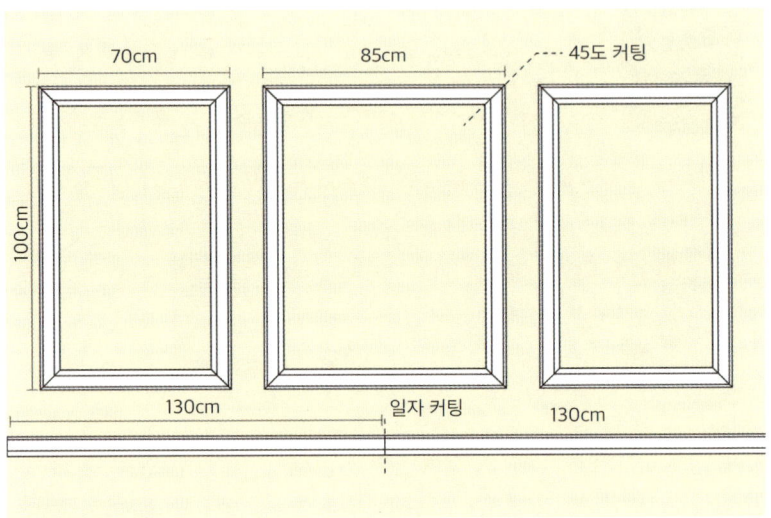

70cm 45° 커팅 4EA, 85cm 45° 커팅 2EA, 100cm 45° 커팅 6EA, 130cm 일자 커팅 2EA를 주문하면 된다. 이것은 크기와 모서리 모양, 개수를 표시한 것으로서 45° 커팅은 사각형 형태를 만들기 위해 모서리를 45°로 자르라는 말이고 일자 커팅은 한 줄로 이어 붙이기 위해 세로를 반듯하게 자르는 뜻이다.

웨인스코팅 자재는 기본적으로 화이트 컬러다. 같은 화이트 벽이라면 그대로 붙여서 완성해도 상관없지만, 화이트 외의 색이라면 웨인스코팅을 붙인 후 그 위에 페인팅을 해주는 것이 좋다.

웨인스코팅을 시공할 때 벽에 굳이 구멍을 낼 필요가 없다. 접착제와 실리콘을 이용해 붙이면 된다. 실리콘을 건조하려면 하루 정도의 시간이 소요되는데, 그동안 양면테이프를 붙여서 임시로 고정해 준다. 10cm 정도의 간격으로 실리콘 한 번, 양면테이프 한 번, 실리콘 한 번, 양면테이프 한 번 이렇게 반복해서 붙여 준다. 이때 실리콘은 100원짜리 동전 한 개 정도의 분량을 사용한다.

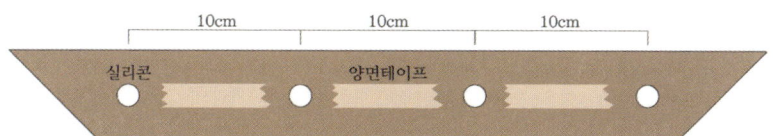

자재를 다 붙인 후 다시 페인팅 2회로 벽을 마무리해줬다. 간단한 페인팅만으로 다소 부담스럽던 커튼이 공간에 자연스럽게 어울리는 주인공으로 탈바꿈했다.

페인팅으로
낡은 가구 리폼하기

그녀는 정이 아주 많은 사람이다. 작은 물건에도 연민을 느끼고 애정을 준다. 접이식 전신거울, 화장대, 조명 등 오래되고 낡은 물건들이지만 아직 쓰임새가 있다고 느끼고 버리지 않았다.

일단 큰 것부터 해결하기로 했다. 설명하기 힘든 촌스러운 모양의 거대한 화분이었다. 혹시 몰라 집에 있던 커피자루를 가져왔는데 거대한 화분을 가리는 데 안성맞춤이었다. 이렇게 성에 안 차는 화분이 있거나 변화를 주고 싶을 때 마음에 드는 천이나 패브릭을 씌워주기만 하면 손쉽게 분위기를 바꿀 수 있다. 커피자루도 좋고 화장품 가게에서 받아온 광목 주머니도 좋다.

interior consulting

커피자루의 변신

화장품 파우치의 변신

취미가 많은 그녀

이제 그녀의 방에서 두 번째로 큰 물건인 화장대를 리폼할 차례다. 실제로 보니 긁힌 자국이 많고 너무 낡아서 벽을 칠했던 페인트로 한 번 더 칠하기로 했다. 페인팅은 젯소 1회, 페인트 2회를 칠해주면 좋지만 젯소 준비를 깜빡해서 전체적으로 사포질을 한 후 바로 페인트를 발라 주었다.

코팅이 되어 있는 가구는 반드시 페인팅하기 전에 사포질을 하거나 젯소를 칠해줘야 한다. 안 그러면 작은 충격에도 쉽게 벗겨진다.

참고_ 페인트를 칠하기 전에 유의할 점 : 64쪽(사포, 젯소)

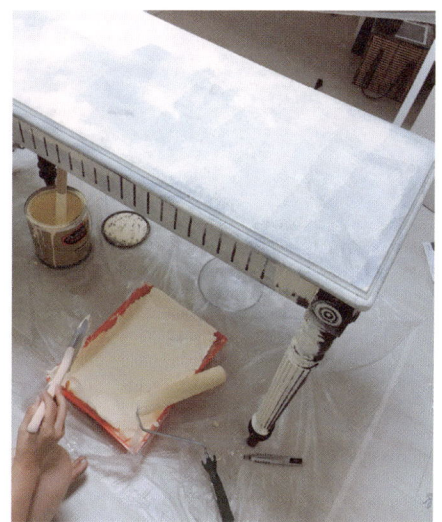

interior consulting

취미가 많은 그녀

◆
그녀의 취미를 담은 집

엄마의 커튼을 메인으로 전체적인 구성을 끝낸 후 이제 그녀의 바람을 공간에 하나씩 담아보기로 했다. 우선 그녀의 바람대로 친구들을 초대해서 저녁도 먹고 일도 할 수 있는 테이블을 만들었다. 작업실 테이블을 만들 때(70쪽) 사용하고 남은 아카시아 나무 상판에 철제 다리를 주문해서 직접 제작했다. 흰색 레이스 커튼이 메인인 그녀의 집과 잘 어울리는 흰색이었다.

참고_ 철제 다리 주문하기 : 74쪽

interior consulting

취미가 많은 그녀

마지막으로 원래 이 집에 있던 카펫을 깔고 그 옆에 그녀의 취미품들을 모아놓았다. 원래 가운데 공간을 비우고 가구를 벽에 붙이는 구조를 그리 선호하진 않지만 이 집은 한가운데가 비어 있는 구조여야 취미가 많은 그녀가 자유롭게 활동이 가능했다.

낡고 오래된 가구들이 안쓰러워 버리지 않고, 20년이나 된 엄마의 커튼을 간직하며 어린시절 추억을 고이 새기는 그녀, 친구들을 초대하고 싶어서 좁은 방 안에 놓을 다이닝 테이블을 만드는 그녀. 집은 그 사람이 어떤 사람인지를 알 수 있는 가장 확실한 매개체다. 이 집도 그녀처럼 오래오래 따스한 사랑과 애정이 가득했으면 좋겠다.

취미가 많은 그녀

interior consulting

아들 집이 탐났던 엄마

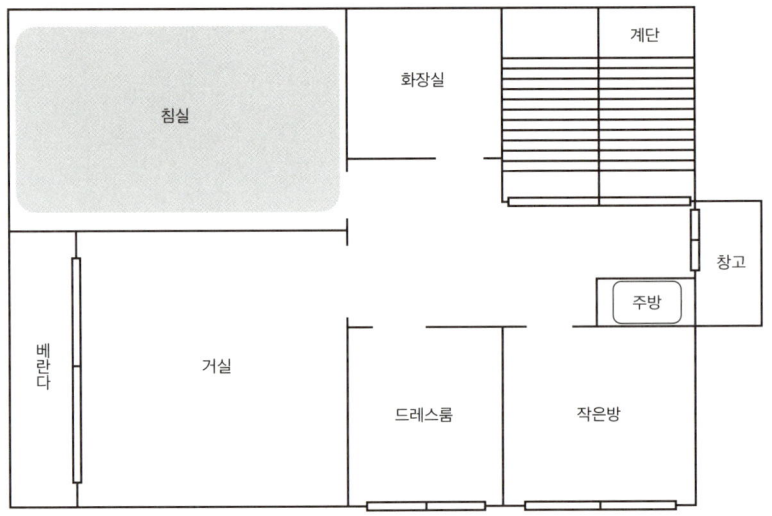

성별 : 부부
나이 : 60대 초반의 부부
거주 형태 : 실평수 7평의 안방
예산 : 약 250만 원(붙박이장 시공 포함)

🏠 #휴양지 여행을 좋아하는 #강아지 두 마리 #호텔 같은 집
#짐이 너무 많은 #정리가 잘 안 되는

아들 집이 탐났던 엄마

interior consulting

"매일매일 정리해도 금방 지저분해져."
"우리 엄마 방도 호텔 같으면 좋겠어."
"아무래도 차분한 색이 좋지."
"오래된 저 옷장도 바꾸고 싶고."
"노안 때문에 화장대 거울이 안 보여서 손거울 보면서 화장하시잖아."
"우리 엄마는 아침에 늦게 일어나시니까 암막커튼은 꼭 해줘."

거실을 카페처럼 만들었던 내 첫 번째 컨설팅의 주인공, 바로 내 친구의 어머니다. 그의 집 인테리어가 끝난 직후의 일이다. 아들 집에 들르신 그의 어머니는 집이 꽤 마음에 드셨는지 넌지시 본인 방도 인테리어하고 싶다고 말씀하셨다고 한다. 그의 어머니 집에는 몇 번 놀러 간 적이 있어 대강 집의 구조를 알고 있었다.

아들 집이 탐났던 엄마

일단 어머니 방의 가장 큰 문제점은 각각의 가구나 제품은 좋은 것을 샀지만 전체적으로 통일감이 없다는 것이었다. 예를 들어 15년 전쯤 유행했던 모던 스타일의 블랙&화이트 옷장에, 또 몇 년 전에 유행하던 오크색 침대가 함께 놓여 있었다. 그 중 가장 존재감을 뽐내고 있는 것은 겨울을 대비해 마련한 화려한 꽃무늬가 들어간 핑크색 침구였다. 대개 우리의 부모님들은 그때그때 필요에 의해 유행 인테리어 제품들을 하나씩 구매하시곤 한다. 덕분에 방 한 칸에 20년치 인테리어 트렌드가 죄다 들어가 있는 경우가 많다. 그래서 매일매일 청소를 해도 청소를 안 한 것처럼 어수선하고 깔끔한 맛이 안 난다.

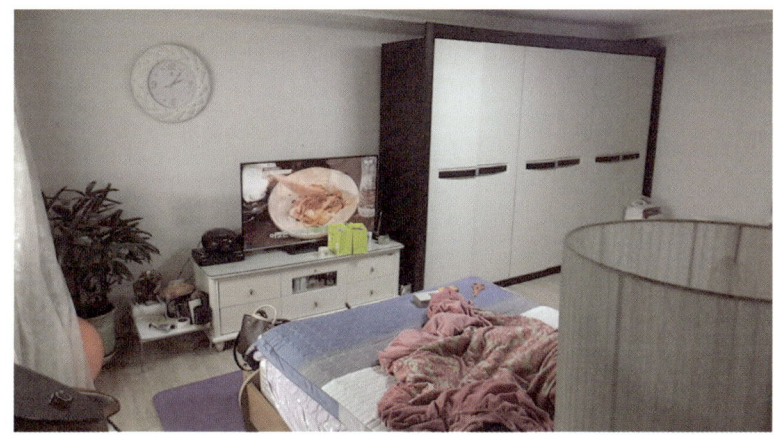

Solution

① 보이지 않는 수납으로 깔끔하게 잡동사니들 정리하기
② 휴양지 리조트 같은 침실

interior consulting

아무리 청소하고 정리해도 돌아서면 금세 지저분해지는 집들의 공통점은 수납의 부재다. 눈에 보이게 꺼내서 정리를 해놨거나 가구의 통일감이 떨어지는 경우 그리고 공간에 다양한 컬러들이 산재해 있기 때문이기도 하다. 이런 집은 매일 청소를 해도 해도 지저분해지기 일쑤고 그러다 결국은 체념하고 정신없는 채로 살게 된다.

예를 들어 화장대가 지저분한 사람들을 보면 모든 화장품들을 화장대 위에 올려놓고 사용하는 경향이 있다. 이렇게 물건이 바깥으로 다 나와 있으면 암만 자주 정리한들 줄기차게 지저분해 보인다. 수납 공간을 늘리고 정말 필요한 한두 가지만 빼고 모두 보이지 않게 정리하는 것이 좋다.

집을 꾸밀 때 가장 어려운 점은 버리는 것이다. 깔끔한 인테리어는 버리는 것으로부터 시작된다. 비싸게 주고 산 물건들이라 못 버리고, 아직 쓸 만해서 버리지 못한다. 그렇게 고작 1년에 한 번 쓸까 말까한 물건들이 잔뜩인데 때가 되면 다 쓸모가 있다며 절대 버리지 못하는 물건들이 너무도 많다.

다행히 어머니가 아들 집이 환골탈태한 걸 본 직후라 어렵게 설득할 필요 없이 이것저것 내 마음대로 버릴 수 있었다. 침대, 장롱, 화장대, 테이블, 의자 등 모두 버렸다. 구식 장롱의 수납은 포화 상태이고, 화장대는 사용하지도 않으며, 안락의자는 옷걸이가 된 지 오래였다. 테이블 위에는 온갖 잡동사니가 펼쳐져 테이블로서의 기능을 상실한 상태였다. 어머니가 원하는 것은 딱 두 가지였다. 청소와 정리가 쉽고 호텔 같은 분위기의 집. 예산은 붙박이장 시공을 포함해 약 250만 원 정도로 잡았다.

안방은 세로로 긴 구조였는데 기존에 옷장과 TV장이 모두 좁은 벽 쪽에 붙어 있어서 공간이 더 비좁고 길어 보였다. 일단 큰 구조부터 바꾸기로 했다. 양쪽 끝에 큰 가구를 배치해 좁고 길어 보이던 구조를 자연스럽게 바꾸었다.

interior consulting

◆

보이지 않는 수납으로
깔끔하게 잡동사니들 정리하기

셀프 인테리어는 재량껏, 취향껏 해도 좋지만 시공만큼은 전문가에게 맡길 것을 추천한다. 어설프게 시공에 손을 댔다가 마음은 다치고 몸은 고생하고 돈은 돈대로 쓰는 경우가 많기 때문이다. 일단 어머니 집에는 수납 효율이 좋은 붙박이장을 시공했는데 전보다 한 칸이 줄었지만 수납력이 좋고 안 쓰던 물건들을 많이 버려 오히려 공간이 남았다.

아들 집이 탐났던 엄마

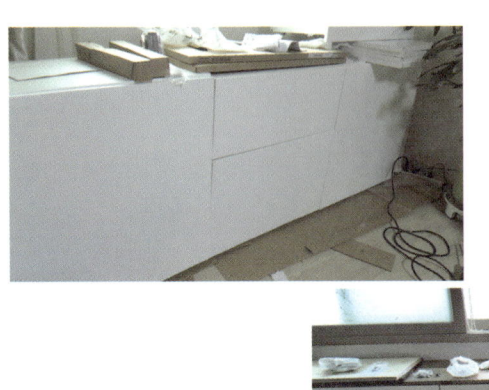

붙박이장 반대편에는 이케아 수납장 세 개를 나란히 붙인 후 아카시아 나무 상판을 올려서 붙박이 같은 느낌을 주었다. 아카시아 나무 상판은 1301호에서 사용하던 테이블 상판을 재활용했다. 원목의 최대 장점은 더 이상 사용하지 않게 되었거나 변화를 주고 싶을 때 원하는 대로 잘라서 다른 곳에 리폼해 사용할 수 있다는 점이다.

아들 집이 탐났던 엄마

이케아 수납장 세 개를 나란히 붙이고 나니 60cm 정도의 공간이 남았길래 상판을 그대로 길게 이어서 벽까지 붙였다. 그 아래의 빈 공간에 스툴을 하나 두고 왼쪽 벽에 호텔식 확대 거울을 달았다. 노안으로 인해 화장대 거울이 잘 보이지 않아서 늘 손거울을 들고 화장하시는 어머니의 번거로움을 덜어드리기 위해서다.

수납장은 제품 정보를 알려달라는 요청을 유난히 많이 받았다. 하지만 사용해보니 가성비 좋은 제품이 많은 다른 이케아 가구들에 비해 마감이 썩 좋은 편이 아니어서 선뜻 알려드리지 못했었다. 그런데 이렇게 아카시아 상판을 잘라서 붙이니 단점이 그럭저럭 보완되는 듯하다.

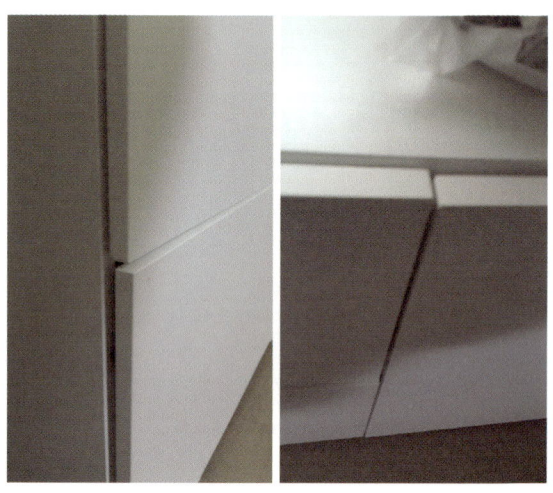

tip / 이케아 제품을 살 때 나만의 철칙

나는 이케아 가구 중에서 크기가 큰 가구는 잘 사지 않는 편이다. 거실장 같이 큰 가구를 조립해야 할 경우에 조립할 때 발생하는 조그마한 오차들이 모여 틈이 벌어지거나 마감이 좋아 보이지 않을 때가 많기 때문이다. 하지만 디자인이 너무 마음에 들어서 '이건 꼭 사야 해!'라든가 조그만 오차들을 구별하기에 자신의 눈이 그다지 예리하지 않다고 판단되면 아무렴 어떠랴 싶다.

아들 집이 탐났던 엄마

◆
휴양지 리조트 같은 침실

비로소 어머니의 방은 늘어난 수납공간 덕분에 대부분의 물건들이 서랍장으로 들어가서 정리할 것이 없어졌다. 첫 번째 미션은 성공한 것 같다. 이제 두 번째 미션인 호텔 같은 느낌의 침실 만들기가 남았다. 따뜻한 나라의 휴양지 리조트에 가면 흔히 볼 수 있는 아늑한 캐노피를 달면 어떨까 하는 생각이 들었다. 하지만 침대 전체를 감싸는 캐노피를 안방에 넣기에 조금 부담스러울 것 같아서 침대 헤드 쪽에만 커튼처럼 달기로 했다. 그래서 봉을 끼울 수 있는 광목커튼을 제작했다. 어떤 봉을 사용해야 자연스러울지 고민하고 있던 중에 마침 집 앞에서 가로수 정비를 하고 있어 바닥에 버려진 긴 나무를 하나 주워왔다.

interior consulting

나무의 잔가지들을 톱으로 다듬은 후 와이어 액자걸이를 이용해 달아주었다. 그리고 광목으로 제작한 커튼을 봉에 끼우니 부담스럽지 않은 리조트풍 캐노피 커튼이 완성됐다.

참고_ 톱과 액자걸이 정보 : 71쪽, 커튼 제작 : 76쪽

하지만 이렇게 끝내면 조금 허전한 느낌이 있어 뒤쪽에 간접조명을 달아주었다. 'T5'라는 LED 조명인데 형광등과 비슷한 모양이다. 간접조명으로 가장 손쉽게 사용할 수 있는 제품인데 별다른 전기 작업 없이 원하는 길이만큼 연결해서 가까운 콘센트에 꽂아주기만 하면 된다.

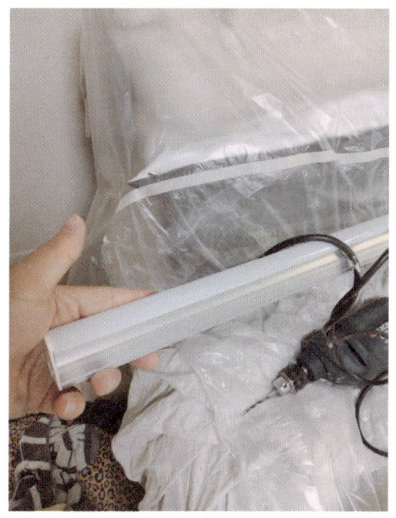

interior consulting

공간은 색의 조화를 맞추고, 물건을 최소화하는 것만으로도 크게 달라진다.

아들 집이 탐났던 엄마

어렵다고 생각하지 말고 일단 버리는 것부터 해보자.

그녀의 복층 오피스텔
부모님이 자주 놀러 오시는 맥시멀리스트

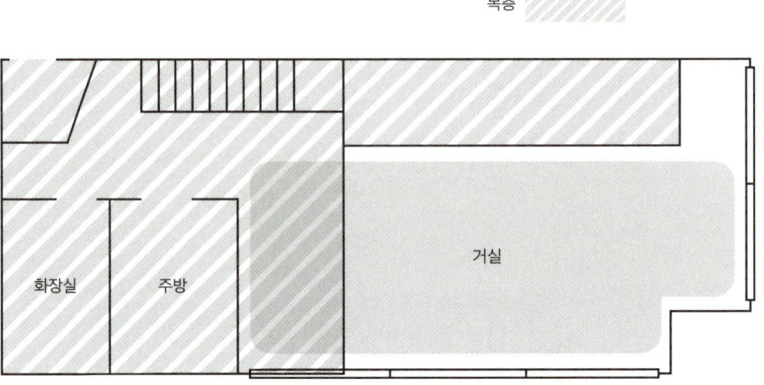

성별 : 여성
나이 : 30대 중반
거주 형태 : 실평수 9평의 복층 오피스텔
예산 : 약 140만 원

#빈티지를 좋아하는 #부모님이 자주 오시는 #따뜻한 집 #파티를 좋아하는

그녀의 복층 오피스텔

interior consulting

"친구들하고 술 마시는 시간이 제일 즐거워요."
"조만간 회사 그만두고 제가 진짜 하고 싶을 일을 찾아보려고요."
"부모님이 자주 놀러 오시는데 편하게 지내실 수 있는 공간이 되었으면 좋겠어요."
"LP판으로 노래 듣는 걸 좋아해요."
"지금 살고 있는 집이 좁고 짐도 많아서 좀 넓게 살아보고 싶어요."
"이건 저희 엄마가 직접 만들어주신 쿠션이에요."

이번 주인공은 1년 넘게 내가 운영하고 있는 화실인 '브러쉬오프'에서 취미 미술 수업을 듣는 수강생이다. 인테리어 당시 브러쉬오프 강의실과 같은 건물에 사는 이웃사촌이기도 했다. 지금은 오랫동안 다닌 회사를 그만두고 여행을 다니며 새로운 일을 하나씩 도전하고 있는 용감한 여성이다.

그녀가 인테리어를 부탁했을 때 1초의 고민 없이 바로 수락했다. 그녀의 집은 1301호와 똑같은 구조인데 나처럼 작업실이 아닌 주거로 사용할 예

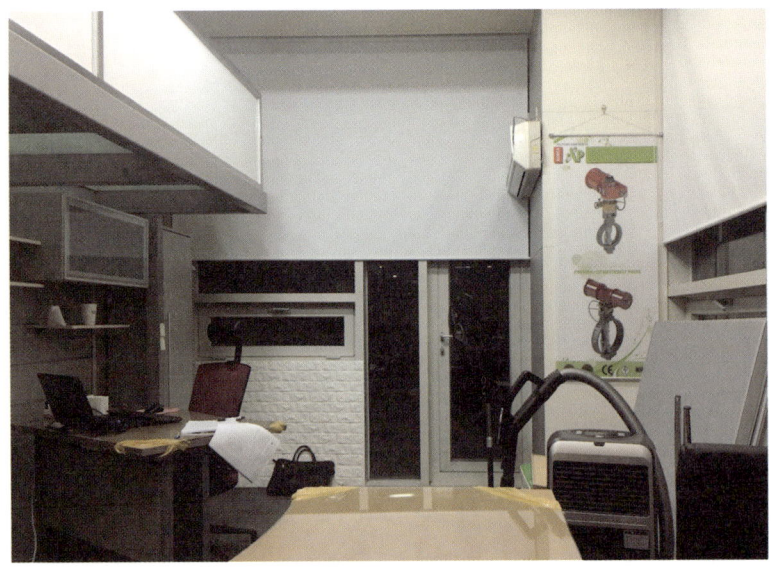

그녀의 복층 오피스텔

정이었기 때문에 재미있는 작업이 될 것 같았다. 같은 공간이 전혀 다른 느낌으로 나올 거라고 생각하니 설레는 기분마저 들었다. 원래 그녀는 지금 살던 우리 집 바로 옆집에 살았었다. 평수가 작고 구조가 조금 다르지만 이런저런 짐과 다양한 장식품들이 너무 많아 정신없어 보였다.

인터뷰를 진행하면서 그녀가 가장 먼저 내게 한 말은 부모님이 오셔서 편하게 지낼 수 있는 공간이 되었으면 한다는 것이었다. 아마도 부모님이 오실 때마다 잔소리를 종종 들은 듯했다. 이 오피스텔은 겉으로 보면 꽤나 번듯해 보이지만 지은 지 20년이 넘어 손볼 곳도 많고 낡고 촌스러운 부분들이 곳곳에 눈에 띄었다. 이것들을 다 깨끗하게 정리하고 집에서 책도 읽고 LP판으로 노래도 들으며 휴식하고 싶다고 했다. 나는 일단 어른들이 좋아할 수 있는 차분한 인테리어에 중점을 두고 그녀의 요청을 하나씩 해결해 보기로 했다.

Solution

① 실패할 일 없는 톤 온 톤 인테리어
② 지저분한 공간을 가리는 패브릭 활용법

interior consulting

◆
실패할 일 없는
톤 온 톤 인테리어

아무리 청소해도 집이 깔끔하게 정돈되지 않는다는 느낌이 들 때 아주 쉽게 해결할 수 있는 톤 온 톤 인테리어는 동일 색상 내에서 톤의 차이를 두어 배색하는 인테리어 방법이다. 예를 들어 밝은 베이지에 어두운 브라운 컬러를 포인트로 사용하는 경우이다. 다양한 톤 온 톤 배색을 그라데이션 배색이라고도 한다.

1301호처럼 톤 인 톤 배색은 비슷한 명도와 채도의 여러 컬러를 사용하는 방식이고 톤 온 톤 배색은 한 컬러에 여러 가지 명도와 채도의 차이를 주어 배색하는 방식이다. 톤 인 톤 배색은 공간에 개성을 줄 수 있고, 톤 온 톤 배색은 부드럽고 편안한 느낌을 준다.

그녀의 집은 기존에 사무실로 사용했던 곳이라 회색 바닥에 회색 벽 등 회색이 난무하는 곳이었다. 호불호가 없는 베이지 계열의 인테리어를 하기로 결정했는데 일단 바닥이 회색 타일의 카펫이어서 바꿀 필요가 있었다.

그녀의 복층 오피스텔

톤 온 톤 배색

톤 인 톤 배색

장판은 별로 좋아하지 않지만 LG에서 나온 헤링본 스타일의 장판이 꽤 괜찮은 편이라 이번에 사용해봤다. 평수가 그리 넓지 않아 시공까지 약 27만 원 정도 들었다.

interior consulting

장판은 저렴하고 시공이 간편한 것이 장점이다. (다시 한 번 말하지만 시공은 전문가에게!) 장판 시공 후 기존의 회색 벽과 기둥 계단을 진한 베이지 계열의 페인트로 칠해줬다.

진한 베이지 컬러가 공간의 포인트 컬러가 되는 셈이다. 집에서 두 번째로 큰 공간을 차지하는 침구는 연한 베이지 컬러로 고르고 진한 베이지 컬러의 스프레드를 침대에 깔았다. 화이트 커튼과 아주 연한 컬러의 바닥 장

그녀의 복층 오피스텔

판, 베이지 컬러의 침구, 진한 베이지의 기둥과 계단 침대의 스프레드가 어우러져 톤 온 톤 컬러가 완성되었다.

톤 온 톤 컬러의 가장 큰 장점은 전체적으로 세팅을 하고 나면 자잘하고 다양한 소품이 더해져도 색이 튀거나 정신없어 보이지 않는다는 것이다. 그래서 기존에 사용하던 수납장 위에 그녀의 추억이 담긴 사진들과 소품들을 올려뒀다. 그녀의 어머니가 직접 만들어주신 화려한 패턴의 쿠션도, 그녀가 직접 그린 부엉이 그림도, 추억이 깃든 사진도 모두 자연스럽게 한 공간에 녹아든다.

interior consulting

◆

지저분한 공간을 가리는
패브릭 활용법

그동안 인테리어 컨설팅을 하면서 필수로 꼭 해왔던 것이 바로 페인팅이다. 하지만 세 들어 사는 입장에서 집에 페인트를 칠하는 것이 부담될 수도 있고, 소재나 벽 자체가 페인팅이 되지 않을 때도 있으며, 셀프 페인팅 자체가 엄두가 나지 않는 사람들도 있을 것이다. 그럴 때는 패브릭을 사용해볼 것을 추천한다.

첫 번째로 가장 쉽게 패브릭 인테리어를 할 수 있는 방법은 커튼을 사용하는 것이다. 창문이 아니라 벽에 커튼을 달아보자. 그녀의 집에는 부엌과 거실을 나눠주는 불투명한 유리벽이 하나 있었다. 벽에는 지저분한 시트지 자국이 도배되어 있었고 유리라서 페인팅도 불가능했다.

그래서 시폰 커튼을 제작해 벽을 가리고 그 안에 T5 조명을 달아주었다. 벽에 커튼을 치고 안에 조명을 넣으면 커튼 뒤에 숨겨진 공간이 있는 듯한 느낌을 줘서 심리적으로 넓어 보이는 효과가 있다.

그녀의 복층 오피스텔

가리고 싶은 공간이 그다지 넓지 않을 때는 시중에서 파는 패브릭 포스터를 사용하는 것도 좋은 방법이다. 마음에 드는 포스터가 없거나 포스터의 프린팅이 마음에 들지 않을 경우에는 원단을 구입해보자. 재단한 후 말린 꽃 한 송이나 작은 나뭇가지 하나만 붙여놔도 센스 있는 연출을 할 수 있다.

interior consulting

820호는 원룸 오피스텔이라 창가 쪽에 에어컨 실외기실이 있는 문이 있다. 누런색의 문이 보기 싫어 리넨을 봉에 걸어 가려주었다. 리넨의 경우 인터넷에서 한 마에 6천 원 정도면 구입이 가능해 저렴하지만 효과적으로 연출할 수 있다.

tip / 원단의 종류

원단은 동대문종합시장에서 직접 보고 구매하는 것이 가장 좋다. 하지만 거리가 멀거나 시간이 안 된다면 온라인에서도 구매 가능하다. 원단은 20수, 40수, 60수 등 패브릭 이름 앞에 숫자가 붙어 있는 경우가 많은데 이는 실의 굵기를 뜻한다. 숫자가 높을수록 실이 얇고 원단도 얇다. 10~20수는 일반적으로 사용하는 에코백 정도의 두께이고 60수는 옷의 안감이나 여름옷, 이불 안감 정도의 얇은 천이라고 보면 된다. 820호에 사용한 천은 40수의 리넨 원단이다. 자연스러운 느낌을 연출할 때 자주 사용하는 원단은 광목, 아사, 리넨 등이다.

① 광목 : 목화솜이 원료로서 표백 처리를 하지 않은 자연스러운 느낌의 원단이다. 옅은 노란색을 띤다.

② 아사 : 광목과 같은 면 원단이지만 일반적으로 면 옷에서 느껴지는 포근함보다는 얇고 청량감이 든다. 그래서 여름 이불이나 의류에 많이 사용된다. 원단이 얇아서 뒷면이 은은하게 비치는 특징이 있고 광목보다는 내구성이 약하다.

③ 리넨 : 아마실로 짠 원단으로서 광목과 달리 리넨 특유의 섬유 조직이 보인다.

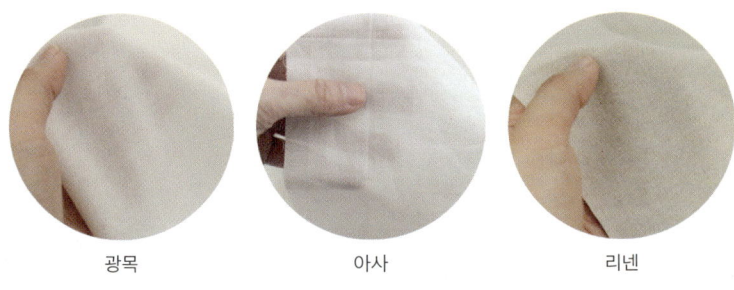

광목　　　　　　아사　　　　　　리넨

그녀의 복층 오피스텔

interior consulting

동대문종합시장에서 주문 제작한 시폰을 걸어 오래된 넓은 창틀을 자연스럽게 가려줬다.

그녀의 복층 오피스텔

interior consulting

20대 청년에서 30대 남자로

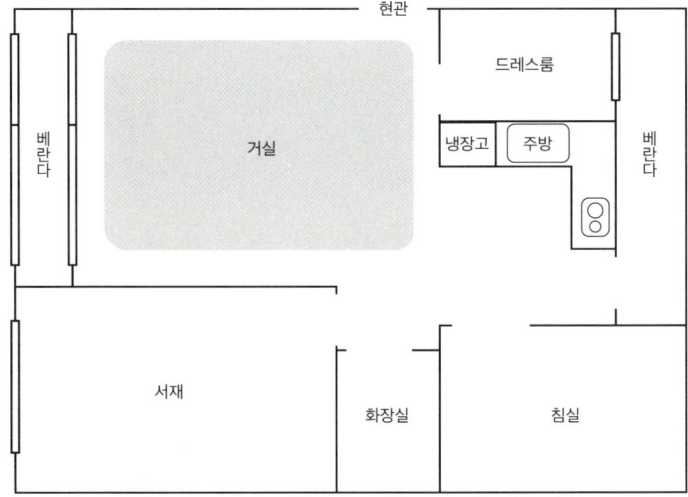

성별 : 남성
나이 : 30대 중반
거주 형태 : 24평 빌라의 거실
예산 : 약 170만 원

#풍경이 아름다운 #서촌 #원목 #차분함 #나이가 들어간다는 건

20대 청년에서 30대 남자로

"순전히 이 집의 뷰 때문에 이사 왔어."
"지금 있는 가구들은 대부분 20대 때 산 것들인데 이사하면서 하나도 안 버리고 그대로 다 들고 왔어."
"지금은 차분해 보이는 원목가구가 좋아."
"조금 어둡고 무게감 있는 느낌이면 좋겠는데."

마지막 주인공은 내 친구이자 드라마 연출로 일하고 있는 30대 중반의 남자이다. 1년 전 남의 집 월세살이를 끝내고 드디어 자기 집을 가지게 되었다. 그런데 앞으로 오래오래 살 자기 첫 집인데 어떻게 꾸밀지 고민이 많았나 보다. 그래서 이삿날까지 선뜻 결정을 못하고 20대 때부터 쓰던 가구들을 그대로 새집으로 가져와 살다 보니 1년이라는 세월이 훌쩍 지나버렸다고 한다.

20대 청년에서 30대 남자로

친구의 집은 가파른 언덕을 한참 올라가야 했지만 거실에 서 있으면 서촌과 경복궁, 청와대까지 한눈에 다 내려다보이는 집이었다. 차분하고 따뜻한 풍경을 간직한 그의 집은 아직도 20대의 풋풋함이 남아 있었다. 국민 TV장이라고 불리는 이케아 철제 TV장과 동글동글 귀여운 1인용 소파 두 개, 식물이 있으면 좋을 것 같아서 샀다던 아주 큰 벵갈고무나무. 전체적으로 밝고 깔끔한 느낌의 인테리어여서 나쁘지 않았지만 그는 좀 더 차분하고 중후한 느낌의 집에서 살고 싶다고 했다.

집은 그 사람을 닮는다. 청년에서 남자가 되어가는 그처럼 좀 더 차분하고 깊이 있는 집을 만들어줘야겠다는 생각이 들었다.

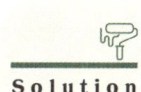
Solution

① 시간의 흐름에 따라 함께 나이 드는 인테리어
② 마음을 차분하게 해주는 브라운-베이지(톤 온 톤) 인테리어

interior consulting

◆
시간의 흐름에 따라
함께 나이 드는 인테리어

음악도 패션도 인테리어도 그때그때마다의 유행이 있다. 그럼에도 불구하고 유행을 타지 않는, 영원한 것이 있는데 우리가 클래식이라고 부르는 것들이다. 개인적으로 인테리어에서의 클래식이란 간결한 디자인의 질 좋은 원목가구와 가죽제품이라고 생각한다. 원목가구와 가죽제품을 클래식으로 꼽은 이유는 세월에 의해 생기는 낡음이 깊이감으로 다가오기 때문이다.

우선 이케아 화이트 철제 TV장부터 버리기로 했다. 이케아 TV장을 버린다고 해서 그 제품이 나쁘다는 뜻은 아니다. '국민 TV장'이라는 별명이 괜히 생긴 것이 아니다. 가볍고 활용도도 높으면서 저렴한데 디자인도 나쁘지 않은 제품이다. 하지만 20대 때부터 지금까지 잘 썼으니 맡은 역할을 충분히 한 것 같다. 이케아 TV장을 버리는 대신 원목제품으로 바꾸기로 했다. TV에 비해 TV장이 좀 작기도 했고 현관문을 열고 들어오면 바로 보이는 거실 벽면이 전체적으로 너무 화이트만 있어서 깔끔하긴 했지만 따뜻한 느낌을 주지는 않았기 때문이다.

TV장은 네이버 쇼핑에서 브라운 컬러를 옵션으로 해서 골랐다. 오랫동안 사용할 제품이라 최대한 심플하고 광택이 적으며 나무의 결이 잘 살아 있는 제품으로 골랐다.

interior consulting

인테리어에는 강, 중, 약이 있어야 보기가 좋다. 이 집 거실에는 가장 큰 소파가 강, 중이 TV장이었다. 마지막으로 여기에 '약'들이 몇 가지 있으면 되는데 기존의 뱅갈고무나무 화분이 너무 커서 균형이 맞지 않았다. 우선 뱅갈고무나무를 베란다로 옮긴 후 TV장과 컬러가 잘 맞는, 세월에 따라 이끼가 끼기도 하고 색도 조금씩 바래는 작은 토분들로 바꿔 주었다. 참고로 TV장 옆의 긴 스탠드 조명은 새로 구입한 것이 아니라 원래 침실에 있던 것을 거실로 꺼내온 것이다.

동그란 1인용 소파 두 개 중 하나는 버리고 나머지 하나는 이케아에서 구입한 3인용 가죽 소파 옆에 두었다. 특별한 이유는 없었다. 멀쩡한 제품을 죄다 버리기 아까웠고 나머지 가구들과 컬러가 잘 맞기도 해서 소파 옆에 포인트로 두기로 한 것이다. 이케아에서 구입한 소파는 소가죽으로 만든 브라운 계열의 제품으로 디자인이 간결한 게 마음에 들어서 골랐다.

20대 청년에서 30대 남자로

기존의 제품들 중 버린 것은 철제 TV장과 작은 1인용 소파 하나뿐이다. 원목 TV장, 소가죽 소파, 토분 등 세 가지만 새로 추가되었다. 이제 이 가구들은 그와 함께 세월이 지남에 따라 그 중후함과 깊이를 더해갈 것이다. 디자인이 간결하다는 전제하에서 좋은 소재(원목, 가죽)의 제품들이 공간의 큰 부분을 차지하면 그 공간은 조금 더 성숙해지고 머무르는 사람을 편안하게 해주는 힘이 생긴다.

◆

마음을 차분하게 해주는
브라운-베이지(톤 온 톤) 인테리어

튀는 것보다 편안하고 차분한 느낌을 선호한다면 절대 실패하지 않는 컬러가 있다. 바로 브라운, 베이지, 화이트의 조합이다. 따뜻한 계열의 브라운과 베이지는 호불호가 적고 시중에 나와 있는 제품들도 워낙 많아 제품을 고르기도 쉽다.

그의 집에서 가장 큰 면적을 차지하는 소파와 TV장이 진한 브라운 컬러라서 바닥에 베이지 컬러의 카펫을 깔았다. 바닥에 깔려 있는 베이지 컬러가 벽과 천장의 화이트 컬러와 브라운을 이어주는 역할을 해 한눈에 보았을 때 그라데이션된 것처럼 자연스럽고 편안해 보인다(실제로 브라운 물감에 흰색 물감을 섞으면 베이지 컬러가 된다). 만약 바닥의 카펫이 없거나 다른 컬러였다면 편안한 느낌보다는 각각의 오브제가 눈에 띄는 인테리어가 되었을 것이다.

20대 청년에서 30대 남자로

interior consulting

여러 가지 이유로(청소, 먼지 등) 바닥에 카펫을 까는 것을 별로 좋아하는 않는 사람들이 있다. 그럴 때는 커튼을 이용하면 된다. 그의 거실은 풍경이 너무 아름다워 창문 프레임만 살짝 가려줄 화이트 시폰 커튼을 달아 예쁜 풍경을 은은하게 살렸다.

브라운-베이지로 인테리어를 했을 때 포인트로 좋은 것은 식물이다. 작은 화분의 초록색이 단조로움을 없애주고 공간을 좀 더 자연스럽게 만들어 준다.

tip / 쿠션과 담요로 소파 꾸미기

소파를 꾸민다는 말이 이상하게 들릴지도 모르지만 소파는 침대와 굉장히 비슷하다. 침대처럼 집에서 차지하는 면적이 넓기 때문에 쿠션이나 담요를 추가해주면 공간이 훨씬 더 풍성해진다.

일단 쿠션과 담요의 소재는 크게 중요하지 않다. 다양한 소재의 쿠션과 담요를 톤온 톤 컬러로 매치해 보자. 거기에 포인트 컬러를 하나 정도 넣어주면 금상첨화다. 나는 옐로우 쿠션을 포인트 컬러로 사용했다.

tip / 1년에 딱 두 달! 인테리어 소품 세일기간을 적극 활용하자

1년에 약 두 달간은 웬만한 인테리어 소품 브랜드들의 대대적인 세일 기간이다. 인테리어 소품들은 활용도에 비해 가격이 높은데 이 기간을 이용해서 물건을 구입하면 좋다. 보통 윈터 세일과 썸머 세일 기간이 있는데 윈터는 대략 12월 중순부터 1월 중순까지, 썸머는 6월 중순부터 7월 중순까지다. 내가 이 기간에 가장 자주 찾는 곳은 H&M Home과 ZARA Home 매장이다.

개인적으로 H&M Home이 가장 가성비가 좋은 것 같다. 이 기간 동안 화병, 침구, 쿠션 커버 등 각종 소품들을 대대적으로 세일한다. 나는 윈터 세일을 더 선호한다. 물건이 더 많기도 하고 세일 폭도 크기 때문이다.

그리고 세일 기간 중 중순 이후가 세일 시작 때보다 더 저렴하다. 재고를 소진하기 위해 추가 할인을 하기 때문이다. 참고로 ZARA Home은 비슷한 느낌이지만 연령대가 조금 더 높은 사람들을 위한 디자인들이 많다.

epilogue

◆

어떤 남자는 행복했던 여행지에서 사온 빈티지 쿠션과 똑같이 집을 꾸몄고, 술자리를 좋아하는 어떤 남자는 거실에 조그마한 바를 차렸다. 20년 넘는 세월의 흔적을 간직한 엄마의 방은 휴양지 호텔처럼 변했고, 어떤 딸은 20년 전 엄마가 처음 집을 살 때 맞췄던 레이스 커튼으로 자신의 첫 전셋집을 꾸몄다.

인테리어 조금 했다고 그들의 일상이 매일매일 행복한 기분이 들지는 않을 것이다. 하지만 이따금씩 가만히 바라보기만 해도 기분이 좋아지고, 지치고 짜증나는 일이 있을 때면 조금이나마 위로가 되는 집이 생긴 것 같기도 하다.

이제 차 한 잔 내려서 현재 내가 살고 있는 집을 천천히 둘러보자. 당장 무엇을 바꾸려 하지 말고 그저 집을 가만히 둘러보고 내가 좋아하는 물건이 있는지부터 찾아보자. 그리고 그 물건을 통해 내가 어떤 사람인지 생각해보자. 집을 대하는 방식은 나를 대하는 방식과 비슷한 것 같다. 나를 조금 더 소중히 여기는 마음으로 그동안 무심코 흘려보냈던 나의 집을, 나의 소소한 일상을 돌봐주자.